기본 연산 Check-Book

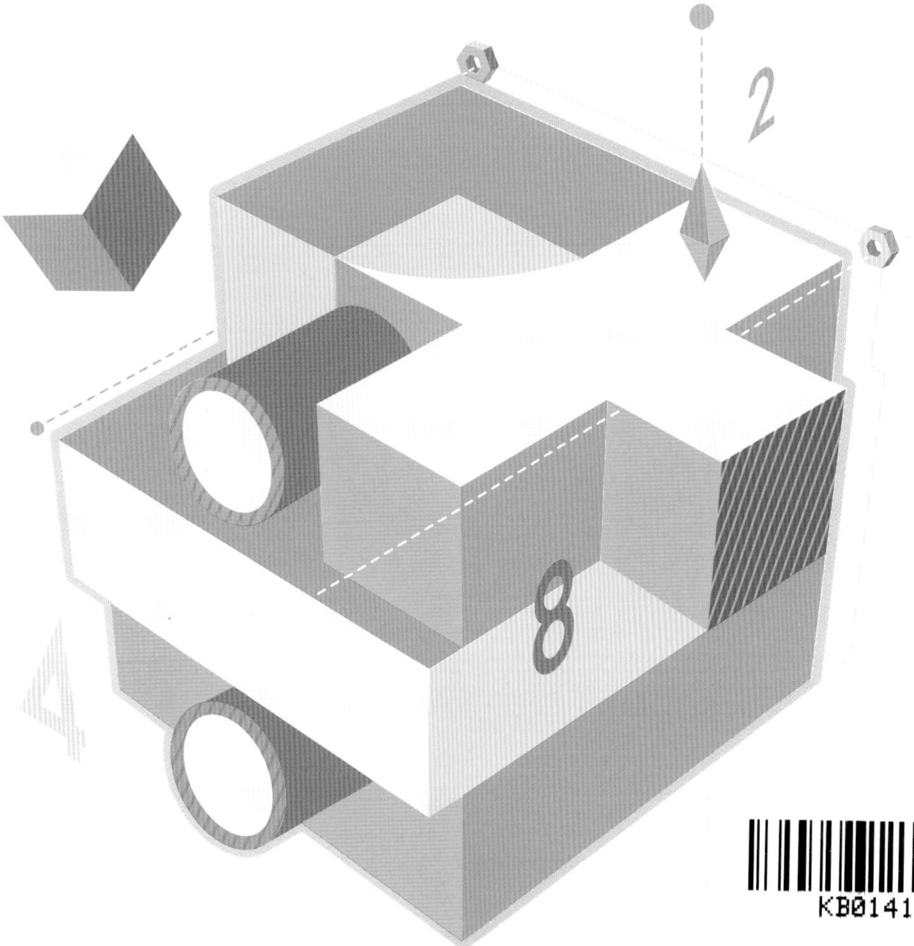

초등4 1호

분수의 덧셈과 뺄셈

1주 분수의 덧셈

❶ $\frac{5}{11}+\frac{4}{11}=\frac{9}{11}$

❷ $\frac{3}{9}+\frac{5}{9}=\frac{\square}{9}$

❸ $\frac{2}{8}+\frac{5}{8}=\frac{\square}{8}$

❹ $\frac{2}{7}+\frac{4}{7}=\frac{\square}{7}$

❺ $\frac{1}{6}+\frac{4}{6}=\frac{\square}{6}$

❻ $\frac{1}{10}+\frac{7}{10}=\frac{\square}{10}$

❼ $\frac{6}{14}+\frac{4}{14}=\frac{\square}{14}$

❽ $\frac{10}{13}+\frac{1}{13}=\frac{\square}{13}$

❾ $\frac{4}{12}+\frac{4}{12}=\frac{\square}{12}$

❿ $\frac{2}{11}+\frac{3}{11}=\frac{\square}{11}$

⓫ $\frac{2}{5}+\frac{2}{5}=\frac{\square}{5}$

⓬ $\frac{2}{9}+\frac{3}{9}=\frac{\square}{9}$

⓭ $\frac{1}{12}+\frac{10}{12}=\frac{\square}{12}$

⓮ $\frac{6}{13}+\frac{2}{13}=\frac{\square}{13}$

자르는 선

월 일

⑮ $\frac{2}{7}+\frac{4}{7}=$

⑯ $\frac{1}{8}+\frac{5}{8}=$

⑰ $\frac{6}{13}+\frac{3}{13}=$

⑱ $\frac{6}{9}+\frac{1}{9}=$

⑲ $\frac{2}{15}+\frac{5}{15}=$

⑳ $\frac{7}{13}+\frac{2}{13}=$

㉑ $\frac{7}{11}+\frac{2}{11}=$

㉒ $\frac{4}{9}+\frac{1}{9}=$

㉓ $\frac{7}{15}+\frac{3}{15}=$

㉔ $\frac{8}{14}+\frac{1}{14}=$

㉕ $\frac{1}{4}+\frac{2}{4}=$

㉖ $\frac{1}{3}+\frac{1}{3}=$

㉗ $\frac{3}{5}+\frac{1}{5}=$

㉘ $\frac{5}{10}+\frac{4}{10}=$

자르는 선

2주 분수의 뺄셈

❶ $\frac{7}{11}-\frac{4}{11}=\frac{3}{11}$

❷ $\frac{5}{9}-\frac{2}{9}=\frac{\square}{9}$

❸ $\frac{6}{10}-\frac{5}{10}=\frac{\square}{10}$

❹ $\frac{10}{18}-\frac{3}{18}=\frac{\square}{18}$

❺ $\frac{8}{9}-\frac{1}{9}=\frac{\square}{9}$

❻ $\frac{12}{16}-\frac{2}{16}=\frac{\square}{16}$

❼ $\frac{4}{7}-\frac{2}{7}=\frac{\square}{7}$

❽ $\frac{6}{8}-\frac{3}{8}=\frac{\square}{8}$

❾ $\frac{9}{12}-\frac{4}{12}=\frac{\square}{12}$

❿ $\frac{3}{6}-\frac{2}{6}=\frac{\square}{6}$

⓫ $\frac{3}{5}-\frac{1}{5}=\frac{\square}{5}$

⓬ $\frac{10}{13}-\frac{7}{13}=\frac{\square}{13}$

⓭ $\frac{7}{14}-\frac{3}{14}=\frac{\square}{14}$

⓮ $\frac{3}{4}-\frac{2}{4}=\frac{\square}{4}$

자르는 선

월 일

⑮ $\frac{6}{15}-\frac{3}{15}=$

⑯ $\frac{8}{11}-\frac{7}{11}=$

⑰ $\frac{8}{10}-\frac{2}{10}=$

⑱ $\frac{7}{8}-\frac{2}{8}=$

⑲ $\frac{8}{18}-\frac{3}{18}=$

⑳ $\frac{3}{11}-\frac{2}{11}=$

㉑ $\frac{7}{14}-\frac{6}{14}=$

㉒ $\frac{2}{4}-\frac{1}{4}=$

㉓ $\frac{13}{16}-\frac{8}{16}=$

㉔ $\frac{5}{6}-\frac{4}{6}=$

㉕ $\frac{4}{5}-\frac{2}{5}=$

㉖ $\frac{12}{13}-\frac{5}{13}=$

㉗ $\frac{8}{12}-\frac{6}{12}=$

㉘ $\frac{7}{8}-\frac{5}{8}=$

자르는 선

3주 자연수와 분수의 계산

❶ $1-\frac{1}{4}=\frac{3}{4}$

❷ $1-\frac{3}{5}=\frac{\square}{5}$

❸ $1-\frac{2}{6}=\frac{\square}{6}$

❹ $1-\frac{3}{7}=\frac{\square}{7}$

❺ $1-\frac{1}{8}=\frac{\square}{8}$

❻ $1-\frac{1}{3}=\frac{\square}{3}$

❼ $1-\frac{2}{4}=\frac{\square}{4}$

❽ $1-\frac{2}{5}=\frac{\square}{5}$

❾ $1-\frac{3}{6}=\frac{\square}{6}$

❿ $1-\frac{2}{7}=\frac{\square}{7}$

⓫ $1-\frac{5}{6}=\frac{\square}{6}$

⓬ $1-\frac{5}{7}=\frac{\square}{7}$

⓭ $1-\frac{2}{3}=\frac{\square}{3}$

⓮ $1-\frac{3}{4}=\frac{\square}{4}$

⓯ $1-\frac{4}{5}=\frac{\square}{5}$

⓰ $1-\frac{4}{7}=\frac{\square}{7}$

⓱ $1-\frac{2}{8}=\frac{\square}{8}$

⓲ $1-\frac{1}{5}=\frac{\square}{5}$

⓳ $1-\frac{5}{8}=\frac{\square}{8}$

⓴ $1-\frac{3}{9}=\frac{\square}{9}$

㉑ $1-\frac{8}{10}=\frac{\square}{10}$

자르는 선

월 일

㉒ $2-\frac{1}{2}=1\frac{1}{2}$

㉓ $2-\frac{2}{6}=\square\frac{\square}{6}$

㉔ $2-\frac{1}{5}=\square\frac{\square}{5}$

㉕ $2-\frac{2}{7}=\square\frac{\square}{7}$

㉖ $3-\frac{1}{3}=\square\frac{\square}{3}$

㉗ $3-\frac{1}{7}=\square\frac{\square}{7}$

㉘ $2-\frac{2}{3}=\square\frac{\square}{3}$

㉙ $4-\frac{3}{7}=\square\frac{\square}{7}$

㉚ $5-\frac{4}{7}=\square\frac{\square}{7}$

㉛ $2-\frac{1}{4}=\square\frac{\square}{4}$

㉜ $3-\frac{3}{6}=\square\frac{\square}{6}$

㉝ $2-\frac{6}{7}=\square\frac{\square}{7}$

㉞ $3-\frac{5}{7}=\square\frac{\square}{7}$

㉟ $2-\frac{2}{4}=\square\frac{\square}{4}$

자르는 선

4주 분수의 덧셈과 뺄셈

❶ $\frac{3}{7}+\frac{2}{7}+\frac{1}{7}=\frac{6}{7}$

❷ $\frac{8}{10}-\frac{3}{10}-\frac{2}{10}=\frac{\square}{10}$

❸ $\frac{4}{9}+\frac{1}{9}+\frac{3}{9}=\frac{\square}{9}$

❹ $\frac{10}{11}-\frac{2}{11}-\frac{4}{11}=\frac{\square}{11}$

❺ $\frac{1}{8}+\frac{5}{8}+\frac{1}{8}=\frac{\square}{8}$

❻ $\frac{7}{8}-\frac{1}{8}-\frac{4}{8}=\frac{\square}{8}$

❼ $\frac{7}{12}+\frac{2}{12}+\frac{2}{12}=\frac{\square}{12}$

❽ $\frac{8}{13}-\frac{2}{13}-\frac{1}{13}=\frac{\square}{13}$

❾ $\frac{7}{20}+\frac{9}{20}+\frac{2}{20}=\frac{\square}{20}$

❿ $\frac{14}{15}-\frac{10}{15}-\frac{2}{15}=\frac{\square}{15}$

⓫ $\frac{2}{18}+\frac{4}{18}+\frac{10}{18}=\frac{\square}{18}$

⓬ $\frac{7}{11}-\frac{2}{11}-\frac{3}{11}=\frac{\square}{11}$

⓭ $\frac{4}{13}+\frac{4}{13}+\frac{4}{13}=\frac{\square}{13}$

⓮ $\frac{11}{12}-\frac{2}{12}-\frac{7}{12}=\frac{\square}{12}$

자르는 선

월 일

⑮ $\frac{7}{15}+\frac{9}{15}-\frac{3}{15}=\frac{13}{15}$

⑯ $\frac{16}{18}-\frac{12}{18}+\frac{3}{18}=\frac{\square}{18}$

⑰ $\frac{7}{13}+\frac{5}{13}-\frac{6}{13}=\frac{\square}{13}$

⑱ $\frac{11}{12}-\frac{9}{12}+\frac{7}{12}=\frac{\square}{12}$

⑲ $\frac{17}{18}+\frac{2}{18}-\frac{15}{18}=\frac{\square}{18}$

⑳ $\frac{3}{11}-\frac{2}{11}+\frac{8}{11}=\frac{\square}{11}$

㉑ $\frac{4}{9}+\frac{7}{9}-\frac{3}{9}=\frac{\square}{9}$

㉒ $\frac{14}{15}-\frac{13}{15}+\frac{10}{15}=\frac{\square}{15}$

㉓ $\frac{2}{7}+\frac{6}{7}-\frac{3}{7}=\frac{\square}{7}$

㉔ $\frac{6}{13}-\frac{3}{13}+\frac{7}{13}=\frac{\square}{13}$

㉕ $\frac{7}{8}+\frac{2}{8}-\frac{6}{8}=\frac{\square}{8}$

㉖ $\frac{5}{9}-\frac{3}{9}+\frac{6}{9}=\frac{\square}{9}$

㉗ $\frac{18}{20}+\frac{2}{20}-\frac{15}{20}=\frac{\square}{20}$

㉘ $\frac{6}{7}-\frac{4}{7}+\frac{2}{7}=\frac{\square}{7}$

자르는 선

5주 대분수의 덧셈

❶ $2\frac{5}{7}+1\frac{1}{7}=3\frac{6}{7}$

❷ $3\frac{2}{6}+2\frac{3}{6}=\square\frac{\square}{6}$

❸ $4\frac{2}{8}+2\frac{3}{8}=\square\frac{\square}{8}$

❹ $6\frac{3}{10}+2\frac{4}{10}=\square\frac{\square}{10}$

❺ $3\frac{1}{3}+2\frac{1}{3}=\square\frac{\square}{3}$

❻ $8\frac{2}{5}+1\frac{2}{5}=\square\frac{\square}{5}$

❼ $1\frac{1}{4}+2\frac{2}{4}=\square\frac{\square}{4}$

❽ $6\frac{1}{8}+3\frac{6}{8}=\square\frac{\square}{8}$

❾ $5\frac{2}{12}+3\frac{9}{12}=\square\frac{\square}{12}$

❿ $2\frac{4}{8}+7\frac{3}{8}=\square\frac{\square}{8}$

⓫ $3\frac{4}{9}+2\frac{3}{9}=\square\frac{\square}{9}$

⓬ $3\frac{1}{5}+2\frac{2}{5}=\square\frac{\square}{5}$

⓭ $4\frac{2}{7}+2\frac{4}{7}=\square\frac{\square}{7}$

⓮ $5\frac{7}{9}+1\frac{1}{9}=\square\frac{\square}{9}$

자르는 선

⑮ $2\frac{2}{3}+2\frac{2}{3}=4\frac{\boxed{4}}{3}=\boxed{5}\frac{\boxed{1}}{3}$

⑯ $1\frac{4}{5}+2\frac{3}{5}=3\frac{\square}{5}=\square\frac{\square}{5}$

⑰ $3\frac{2}{7}+1\frac{6}{7}=4\frac{\square}{7}=\square\frac{\square}{7}$

⑱ $2\frac{3}{6}+3\frac{4}{6}=5\frac{\square}{6}=\square\frac{\square}{6}$

⑲ $1\frac{3}{4}+4\frac{2}{4}=5\frac{\square}{4}=\square\frac{\square}{4}$

⑳ $4\frac{2}{5}+3\frac{4}{5}=7\frac{\square}{5}=\square\frac{\square}{5}$

㉑ $6\frac{3}{4}+1\frac{3}{4}=7\frac{\square}{4}=\square\frac{\square}{4}$

자르는 선

6주 자연수와 대분수의 계산

❶ $2\frac{1}{4}+3\frac{3}{4}=$ 6

❷ $3\frac{4}{7}+1\frac{3}{7}=\square$

❸ $7\frac{2}{5}+2\frac{3}{5}=\square$

❹ $2\frac{3}{8}+2\frac{5}{8}=\square$

❺ $3\frac{5}{6}+4\frac{1}{6}=\square$

❻ $4\frac{3}{6}+1\frac{3}{6}=\square$

❼ $4\frac{2}{7}+2\frac{5}{7}=\square$

❽ $1\frac{2}{8}+3\frac{6}{8}=\square$

❾ $7\frac{4}{5}+1\frac{1}{5}=\square$

❿ $5\frac{5}{8}+3\frac{3}{8}=\square$

⓫ $2\frac{7}{9}+8\frac{2}{9}=\square$

⓬ $2\frac{2}{3}+5\frac{1}{3}=\square$

⓭ $4\frac{4}{8}+1\frac{4}{8}=\square$

⓮ $3\frac{3}{7}+3\frac{4}{7}=\square$

자르는 선

월 일

⑮ $6-3\frac{3}{4}=5\frac{4}{4}-3\frac{3}{4}$

$=2\frac{1}{4}$

⑯ $8-2\frac{1}{7}=7\frac{\square}{7}-2\frac{1}{7}$

$=\square$

⑰ $5-1\frac{1}{6}=4\frac{\square}{6}-1\frac{1}{6}$

$=\square$

⑱ $4-1\frac{1}{2}=3\frac{\square}{2}-1\frac{1}{2}$

$=\square$

⑲ $7-3\frac{4}{5}=6\frac{\square}{5}-3\frac{4}{5}$

$=\square$

⑳ $5-2\frac{3}{8}=4\frac{\square}{8}-2\frac{3}{8}$

$=\square$

㉑ $6-3\frac{2}{3}=5\frac{\square}{3}-3\frac{2}{3}$

$=\square$

㉒ $9-3\frac{6}{7}=8\frac{\square}{7}-3\frac{6}{7}$

$=\square$

자르는 선

7주 대분수의 뺄셈

❶ $5\frac{7}{9}-1\frac{1}{9}=4\frac{6}{9}$

❷ $5\frac{5}{7}-2\frac{2}{7}=\square\frac{\square}{7}$

❸ $3\frac{4}{5}-2\frac{1}{5}=\square\frac{\square}{5}$

❹ $3\frac{4}{9}-2\frac{3}{9}=\square\frac{\square}{9}$

❺ $7\frac{4}{8}-2\frac{3}{8}=\square\frac{\square}{8}$

❻ $7\frac{9}{12}-3\frac{3}{12}=\square\frac{\square}{12}$

❼ $6\frac{6}{8}-3\frac{1}{8}=\square\frac{\square}{8}$

❽ $4\frac{2}{4}-1\frac{1}{4}=\square\frac{\square}{4}$

❾ $8\frac{4}{5}-1\frac{2}{5}=\square\frac{\square}{5}$

❿ $9\frac{2}{3}-3\frac{1}{3}=\square\frac{\square}{3}$

⓫ $6\frac{7}{10}-2\frac{1}{10}=\square\frac{\square}{10}$

⓬ $3\frac{5}{7}-2\frac{2}{7}=\square\frac{\square}{7}$

⓭ $8\frac{3}{6}-5\frac{1}{6}=\square\frac{\square}{6}$

⓮ $10\frac{11}{15}-7\frac{8}{15}=\square\frac{\square}{15}$

자르는 선

월 일

⑮ $6\frac{3}{8}-2\frac{7}{8}=5\frac{11}{8}-2\frac{7}{8}=3\frac{4}{8}$

⑯ $3\frac{3}{5}-1\frac{4}{5}=2\frac{\square}{5}-1\frac{4}{5}=\square\frac{\square}{5}$

⑰ $5\frac{2}{7}-2\frac{6}{7}=4\frac{\square}{7}-2\frac{6}{7}=\square\frac{\square}{7}$

⑱ $7\frac{3}{6}-3\frac{4}{6}=6\frac{\square}{6}-3\frac{4}{6}=\square\frac{\square}{6}$

⑲ $6\frac{1}{4}-4\frac{3}{4}=5\frac{\square}{4}-4\frac{3}{4}=\square\frac{\square}{4}$

⑳ $9\frac{1}{3}-6\frac{2}{3}=8\frac{\square}{3}-6\frac{2}{3}=\square\frac{\square}{3}$

㉑ $5\frac{4}{8}-3\frac{5}{8}=4\frac{\square}{8}-3\frac{5}{8}=\square\frac{\square}{8}$

자르는 선

8주 대분수의 덧셈과 뺄셈

❶ $2\frac{1}{6}+1\frac{3}{6}=$ $3\frac{4}{6}$

❷ $3\frac{4}{7}-1\frac{2}{7}=$ □

❸ $7\frac{1}{3}+2\frac{1}{3}=$ □

❹ $9\frac{7}{10}-4\frac{4}{10}=$ □

❺ $6\frac{2}{9}+3\frac{5}{9}=$ □

❻ $8\frac{5}{8}-2\frac{2}{8}=$ □

❼ $5\frac{1}{4}+3\frac{2}{4}=$ □

❽ $7\frac{5}{6}-3\frac{4}{6}=$ □

❾ $3\frac{2}{5}+5\frac{2}{5}=$ □

❿ $9\frac{2}{6}-3\frac{1}{6}=$ □

⓫ $4\frac{2}{8}+3\frac{3}{8}=$ □

⓬ $6\frac{7}{9}-3\frac{2}{9}=$ □

⓭ $6\frac{2}{7}+3\frac{4}{7}=$ □

⓮ $5\frac{4}{5}-2\frac{2}{5}=$ □

자르는 선

월 일

⑮ $3\frac{4}{7}+3\frac{4}{7}=$ $7\frac{1}{7}$

⑯ $5\frac{2}{5}-2\frac{4}{5}=$ □

⑰ $4\frac{3}{8}+3\frac{6}{8}=$ □

⑱ $7\frac{2}{9}-5\frac{7}{9}=$ □

⑲ $5\frac{2}{5}+3\frac{4}{5}=$ □

⑳ $9\frac{1}{6}-4\frac{2}{6}=$ □

㉑ $5\frac{3}{4}+3\frac{2}{4}=$ □

㉒ $7\frac{4}{6}-3\frac{5}{6}=$ □

㉓ $6\frac{5}{9}+3\frac{5}{9}=$ □

㉔ $4\frac{2}{8}-1\frac{5}{8}=$ □

㉕ $7\frac{2}{3}+3\frac{2}{3}=$ □

㉖ $9\frac{4}{10}-3\frac{7}{10}=$ □

㉗ $1\frac{3}{6}+2\frac{4}{6}=$ □

㉘ $4\frac{2}{7}-2\frac{4}{7}=$ □

자르는 선

정 답

1주 분수의 덧셈

1~2쪽

① 9 ② 8 ③ 7 ④ 6 ⑤ 5 ⑥ 8 ⑦ 10 ⑧ 11 ⑨ 8 ⑩ 5 ⑪ 4 ⑫ 5
⑬ 11 ⑭ 8 ⑮ $\frac{6}{7}$ ⑯ $\frac{6}{8}$ ⑰ $\frac{9}{13}$ ⑱ $\frac{7}{9}$ ⑲ $\frac{7}{15}$ ⑳ $\frac{9}{13}$ ㉑ $\frac{9}{11}$ ㉒ $\frac{5}{9}$ ㉓ $\frac{10}{15}$ ㉔ $\frac{9}{14}$
㉕ $\frac{3}{4}$ ㉖ $\frac{2}{3}$ ㉗ $\frac{4}{5}$ ㉘ $\frac{9}{10}$

2주 분수의 뺄셈

3~4쪽

① 3 ② 3 ③ 1 ④ 7 ⑤ 7 ⑥ 10 ⑦ 2 ⑧ 3 ⑨ 5 ⑩ 1 ⑪ 2 ⑫ 3
⑬ 4 ⑭ 1 ⑮ $\frac{3}{15}$ ⑯ $\frac{1}{11}$ ⑰ $\frac{6}{10}$ ⑱ $\frac{5}{8}$ ⑲ $\frac{5}{18}$ ⑳ $\frac{1}{11}$ ㉑ $\frac{1}{14}$ ㉒ $\frac{1}{4}$ ㉓ $\frac{5}{16}$ ㉔ $\frac{1}{6}$
㉕ $\frac{2}{5}$ ㉖ $\frac{7}{13}$ ㉗ $\frac{2}{12}$ ㉘ $\frac{2}{8}$

3주 자연수와 분수의 계산

5~6쪽

① 3 ② 2 ③ 4 ④ 4 ⑤ 7 ⑥ 2 ⑦ 2 ⑧ 3 ⑨ 3 ⑩ 5 ⑪ 1 ⑫ 2
⑬ 1 ⑭ 1 ⑮ 1 ⑯ 3 ⑰ 6 ⑱ 4 ⑲ 3 ⑳ 6 ㉑ 2 ㉒ 1, 1 ㉓ 1, 4 ㉔ 1, 4
㉕ 1, 5 ㉖ 2, 2 ㉗ 2, 6 ㉘ 1, 1 ㉙ 3, 4 ㉚ 4, 3 ㉛ 1, 3 ㉜ 2, 3 ㉝ 1, 1 ㉞ 2, 2 ㉟ 1, 2

4주 분수의 덧셈과 뺄셈

7~8쪽

① 6 ② 3 ③ 8 ④ 4 ⑤ 7 ⑥ 2 ⑦ 11 ⑧ 5 ⑨ 18 ⑩ 2 ⑪ 16 ⑫ 2
⑬ 12 ⑭ 2 ⑮ 13 ⑯ 7 ⑰ 6 ⑱ 9 ⑲ 4 ⑳ 9 ㉑ 8 ㉒ 11 ㉓ 5 ㉔ 10
㉕ 3 ㉖ 8 ㉗ 5 ㉘ 4

5주 대분수의 덧셈

9~10쪽

① 3, 6 ② 5, 5 ③ 6, 5 ④ 8, 7 ⑤ 5, 2 ⑥ 9, 4 ⑦ 3, 3 ⑧ 9, 7 ⑨ 8, 11 ⑩ 9, 7 ⑪ 5, 7 ⑫ 5, 3
⑬ 6, 6 ⑭ 6, 8 ⑮ 4, 5, 1 ⑯ 7, 4, 2 ⑰ 8, 5, 1 ⑱ 7, 6, 1 ⑲ 5, 6, 1
⑳ 6, 8, 1 ㉑ 6, 8, 2

6주 자연수와 대분수의 계산

11~12쪽

① 6 ② 5 ③ 10 ④ 5 ⑤ 8 ⑥ 6 ⑦ 7 ⑧ 5 ⑨ 9 ⑩ 9 ⑪ 11 ⑫ 8
⑬ 6 ⑭ 7 ⑮ 4, $2\frac{1}{4}$ ⑯ 7, $5\frac{6}{7}$ ⑰ 6, $3\frac{5}{6}$ ⑱ 2, $2\frac{1}{2}$ ⑲ 5, $3\frac{1}{5}$
⑳ 8, $2\frac{5}{8}$ ㉑ 3, $2\frac{1}{3}$ ㉒ 7, $5\frac{1}{7}$

7주 대분수의 뺄셈

13~14쪽

① 4, 6 ② 3, 3 ③ 1, 3 ④ 1, 1 ⑤ 5, 1 ⑥ 4, 6 ⑦ 3, 5 ⑧ 3, 1 ⑨ 7, 2 ⑩ 6, 1 ⑪ 4, 6 ⑫ 1, 3
⑬ 3, 2 ⑭ 3, 3 ⑮ 11, 3, 4 ⑯ 8, 1, 4 ⑰ 9, 2, 3 ⑱ 9, 3, 5 ⑲ 5, 1, 2
⑳ 4, 2, 2 ㉑ 12, 1, 7

8주 대분수의 덧셈과 뺄셈

15~16쪽

① $3\frac{4}{6}$ ② $2\frac{2}{7}$ ③ $9\frac{2}{3}$ ④ $5\frac{3}{10}$ ⑤ $9\frac{7}{9}$ ⑥ $6\frac{3}{8}$ ⑦ $8\frac{3}{4}$ ⑧ $4\frac{1}{6}$ ⑨ $8\frac{4}{5}$ ⑩ $6\frac{1}{6}$ ⑪ $7\frac{5}{8}$ ⑫ $3\frac{5}{9}$
⑬ $9\frac{6}{7}$ ⑭ $3\frac{2}{5}$ ⑮ $7\frac{1}{7}$ ⑯ $2\frac{3}{5}$ ⑰ $8\frac{1}{8}$ ⑱ $1\frac{4}{9}$ ⑲ $9\frac{1}{5}$ ⑳ $4\frac{5}{6}$ ㉑ $9\frac{1}{4}$ ㉒ $3\frac{5}{6}$ ㉓ $10\frac{1}{9}$ ㉔ $2\frac{5}{8}$
㉕ $11\frac{1}{3}$ ㉖ $5\frac{7}{10}$ ㉗ $4\frac{1}{6}$ ㉘ $1\frac{5}{7}$

사고셈

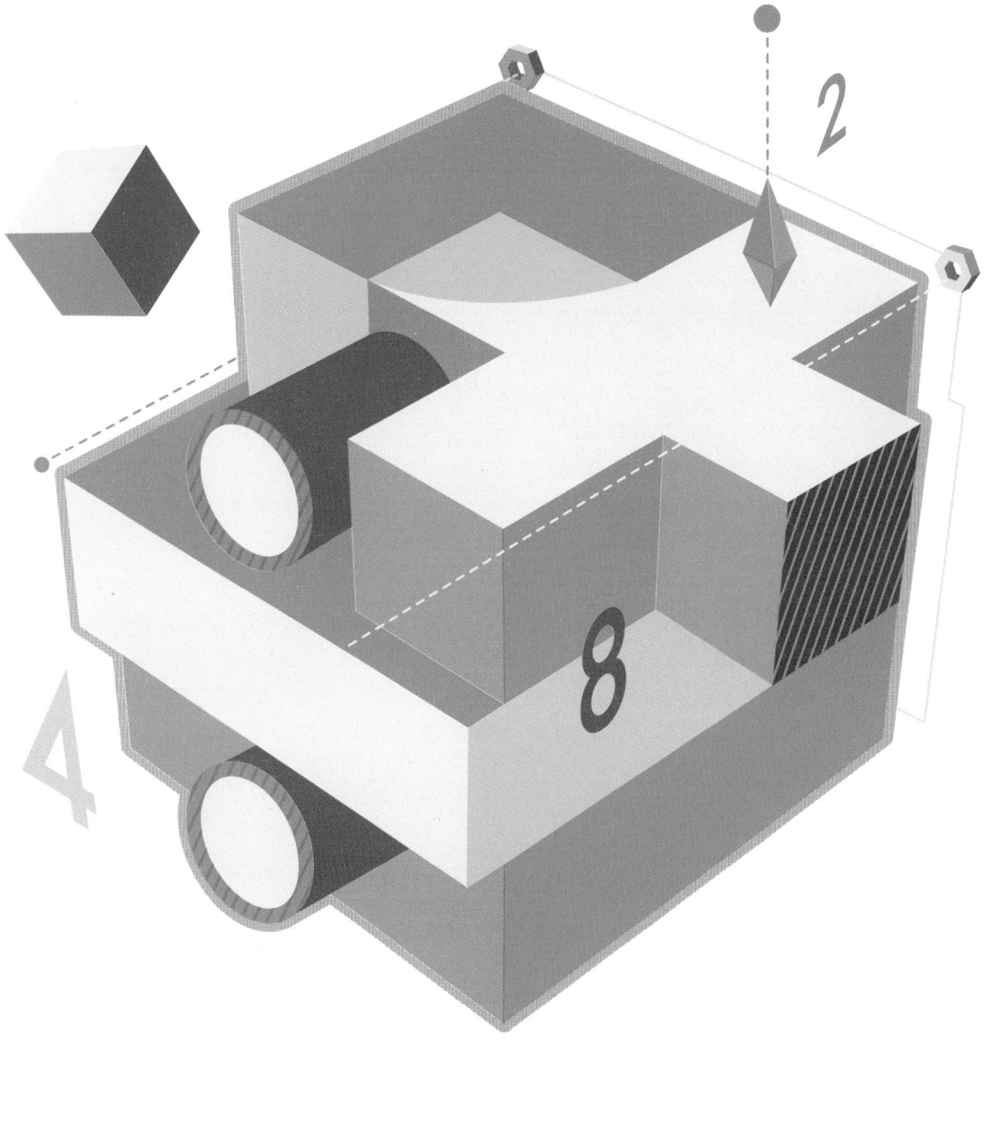

초등4 1호

이 책의 구성과 특징

생각의 힘을 키우는 사고(思考)셈은 1주 4개, 8주 32개의 사고력 유형 학습을 통해 수와 연산에 대한 개념의 응용력(추론 및 문제해결능력)을 키울 수 있도록 하였습니다.

사고력 연산

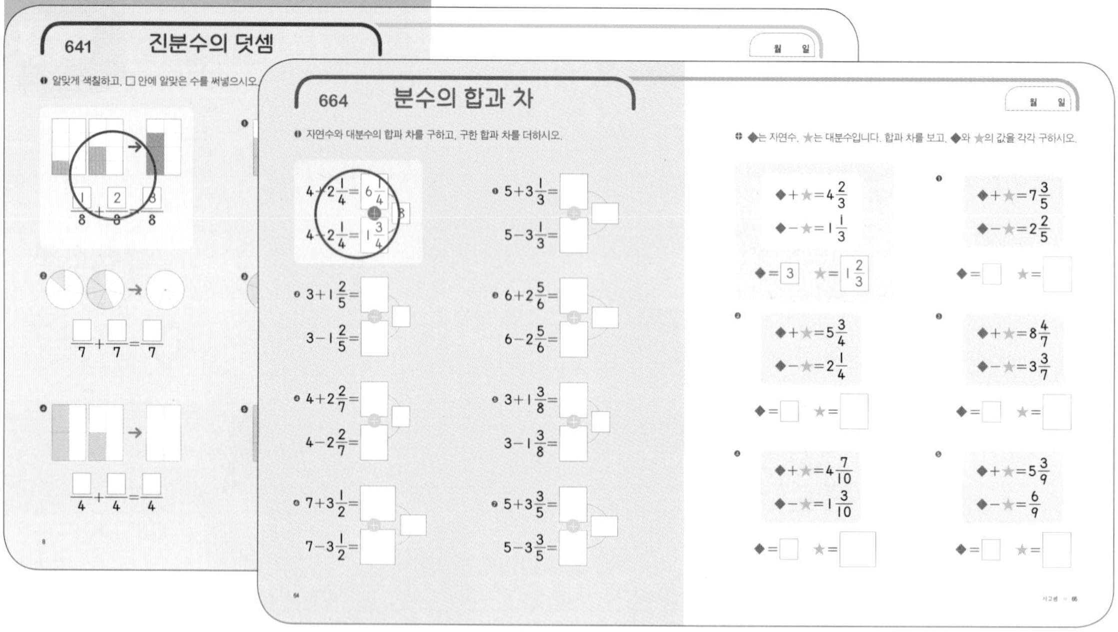

- 대표 사고력 유형으로 연산 원리를 쉽게쉽게
- 1~4일차: 다양한 유형의 주 진도 학습

잘 공부했는지 알아봅시다.

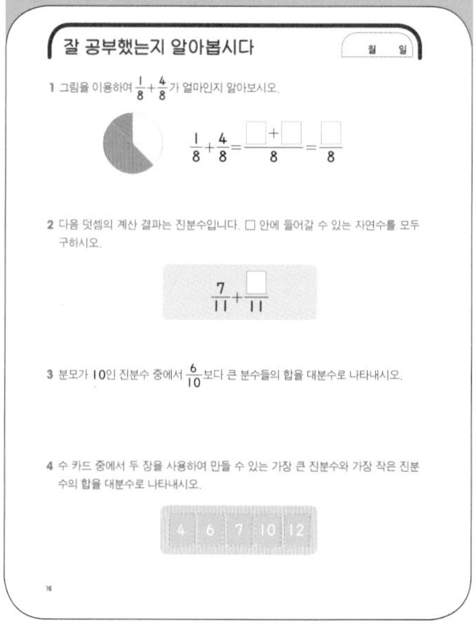

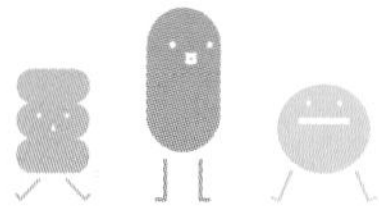

- 5일차 점검 학습: 주 진도 학습 확인

권두부록 (기본연산 Check-Book)

기본연산 Check-Book

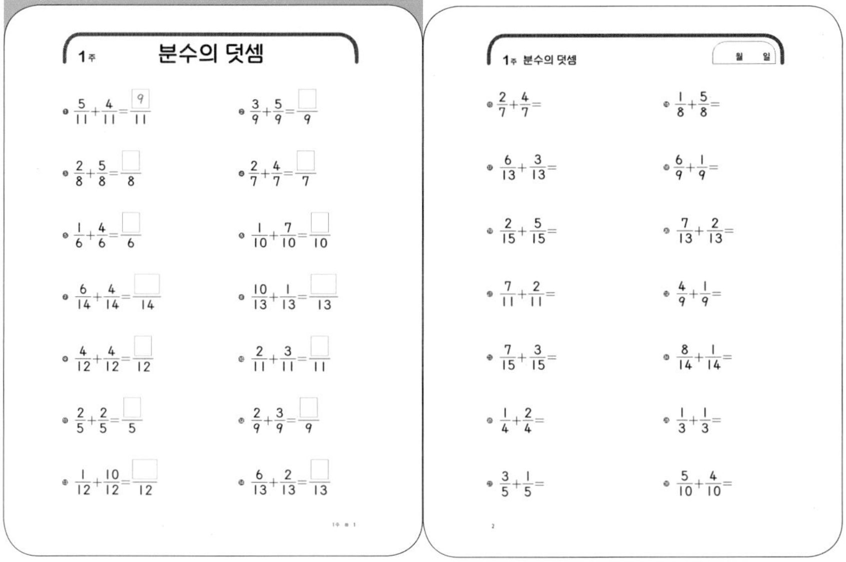

- 본 학습 전 기본연산 실력 진단

권말부록 (G-Book)

Guide Book(정답 및 해설)

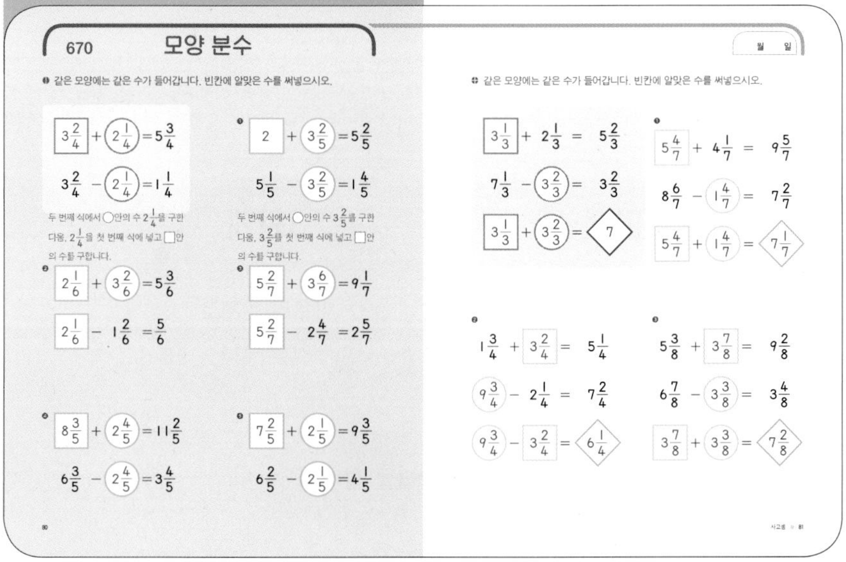

- 문제와 답을 한 눈에!
- 상세한 풀이와 친절한 해설, 답

학습 효과 및 활용법

학습 효과

- 수학적 사고력 향상
- 생각의 다양성 향상
- 스스로 생각을 만드는 직관 학습
- 추론능력, 문제해결력 향상
- 연산의 원리 이해
- 수·연산 영역 완벽 대비
- 다양한 유형으로 수 조작력 향상
- 진도 학습 및 점검 학습으로 연산 학습 완성

사고셈

주차별 활용법

1단계 기본연산 Check-Book으로 준비 학습 → **2단계** 사고력 유형으로 진도 학습 → **3단계** 마무리 문제로 점검 학습

1단계 : 기본연산 Check-Book으로 사고력 연산을 위한 준비 학습을 합니다.
2단계 : 사고력 유형으로 사고력 연산의 진도 학습을 합니다.
3단계 : 한 주마다 점검 학습(잘 공부했는지 알아봅시다)으로 사고력 향상을 확인합니다.

학습 구성

6세

1호	10까지의 수
2호	더하기 빼기 1과 2
3호	합이 9까지인 덧셈
4호	한 자리 수의 뺄셈과 세 수의 계산

7세

1호	한 자리 수의 덧셈과 뺄셈
2호	10 만들기
3호	50까지의 수
4호	더하기 빼기 1과 2, 10과 20

초등 1

1호	덧셈구구
2호	뺄셈구구와 덧셈, 뺄셈 혼합
3호	100까지의 수, 1000까지의 수
4호	받아올림, 받아내림 없는 두 자리 수의 계산

초등 2

1호	두 자리 수와 한 자리 수의 덧셈과 뺄셈
2호	두 자리 수의 덧셈과 뺄셈
3호	곱셈구구
4호	곱셈과 나눗셈 구구

초등 3

1호	세·네 자리 수의 덧셈과 뺄셈5
2호	분수와 소수의 기초
3호	두 자리 수의 곱셈과 나눗셈
4호	분수

초등 4

1호	분수의 덧셈과 뺄셈
2호	혼합 계산
3호	소수의 덧셈과 뺄셈
4호	어림하기

이 책의 **학습 로드맵**

START
시작

1주
분수의 덧셈

2주
분수의 뺄셈

3주
자연수와 분수의 계산

4주
분수의 덧셈과 뺄셈

5주
대분수의 덧셈

6주
자연수와 대분수의 계산

7주
대분수의 뺄셈

8주
대분수의 덧셈과 뺄셈

GOAL
완성

1 분수의 덧셈

641 진분수의 덧셈

◐ 알맞게 색칠하고, □ 안에 알맞은 수를 써넣으시오.

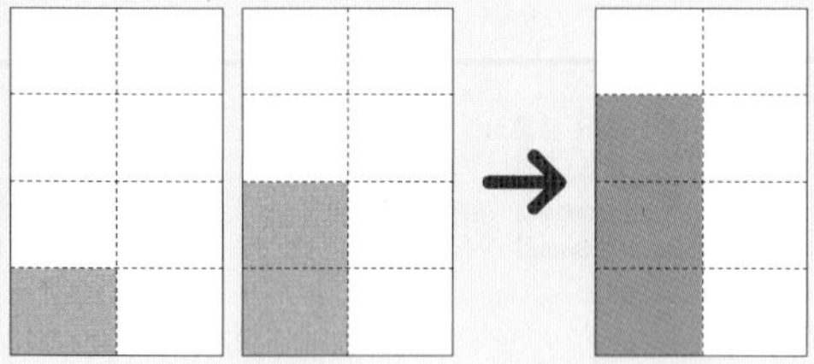

$$\frac{1}{8}+\frac{2}{8}=\frac{3}{8}$$

❶

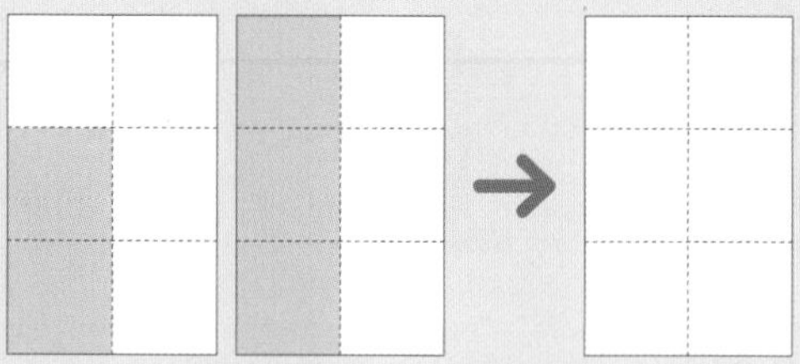

$$\frac{\square}{6}+\frac{\square}{6}=\frac{\square}{6}$$

❷

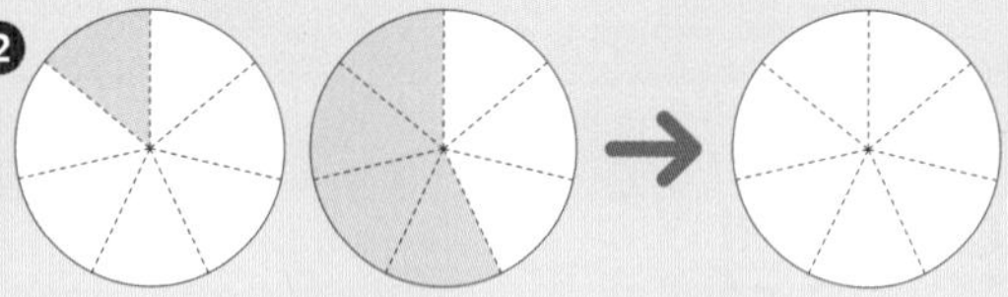

$$\frac{\square}{7}+\frac{\square}{7}=\frac{\square}{7}$$

❸

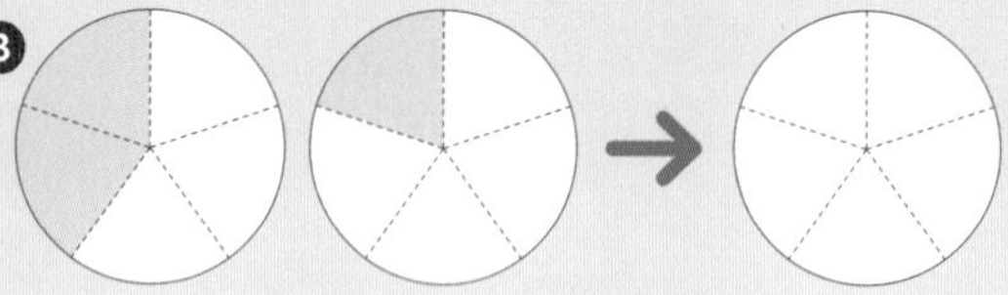

$$\frac{\square}{5}+\frac{\square}{5}=\frac{\square}{5}$$

❹

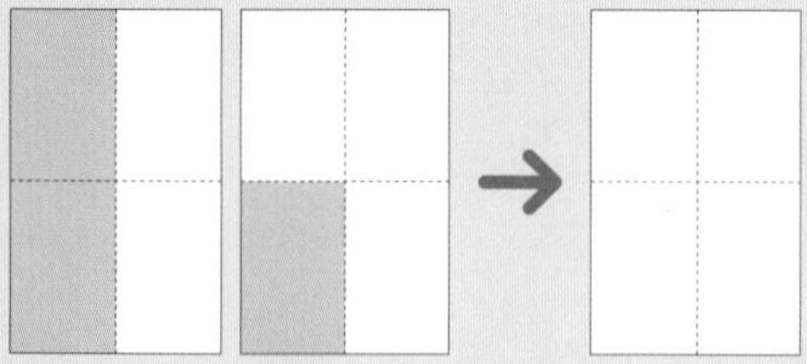

$$\frac{\square}{4}+\frac{\square}{4}=\frac{\square}{4}$$

❺

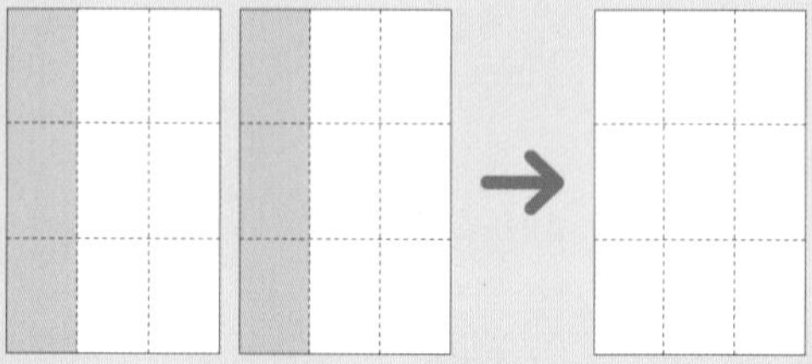

$$\frac{\square}{9}+\frac{\square}{9}=\frac{\square}{9}$$

□ 안에 알맞은 수를 써넣으시오.

$\frac{2}{7}$는 $\frac{1}{7}$이 2 개, $\frac{3}{7}$은 $\frac{1}{7}$이 3 개이므로 $\frac{2}{7}+\frac{3}{7}$은 $\frac{1}{7}$이 5 개입니다. → $\frac{2}{7}+\frac{3}{7}=\frac{5}{7}$

❶ $\frac{3}{8}$은 $\frac{1}{8}$이 □개, $\frac{4}{8}$는 $\frac{1}{8}$이 □개이므로 $\frac{3}{8}+\frac{4}{8}$는 $\frac{1}{8}$이 □개입니다. → $\frac{3}{8}+\frac{4}{8}=\frac{\square}{\square}$

❷ $\frac{2}{9}$는 $\frac{1}{9}$이 □개, $\frac{5}{9}$는 $\frac{1}{9}$이 □개이므로 $\frac{2}{9}+\frac{5}{9}$는 $\frac{1}{9}$이 □개입니다. → $\frac{2}{9}+\frac{5}{9}=\frac{\square}{\square}$

❸ $\frac{3}{12}$은 $\frac{1}{12}$이 □개, $\frac{8}{12}$은 $\frac{1}{12}$이 □개이므로 $\frac{3}{12}+\frac{8}{12}$은 $\frac{1}{12}$이 □개입니다. → $\frac{3}{12}+\frac{8}{12}=\frac{\square}{\square}$

642 수직선의 덧셈

◐ □ 안에 알맞은 수를 써넣으시오.

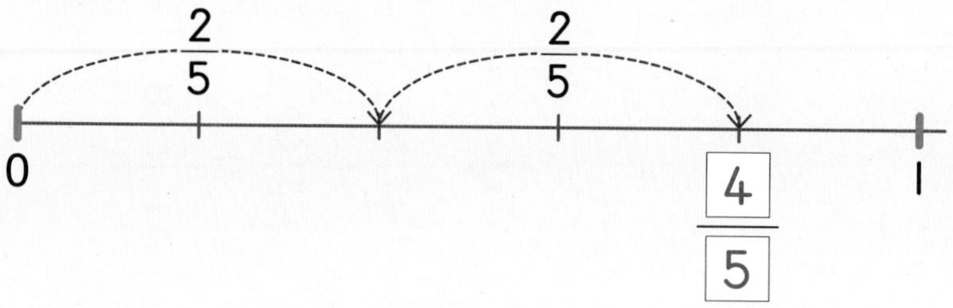

$\frac{2}{5}+\frac{2}{5}=\frac{4}{5}$

❶

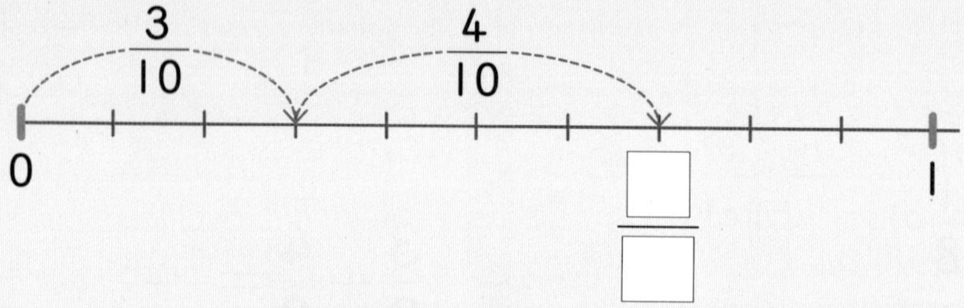

$\frac{3}{10}+\frac{4}{10}=\frac{\square}{\square}$

❷

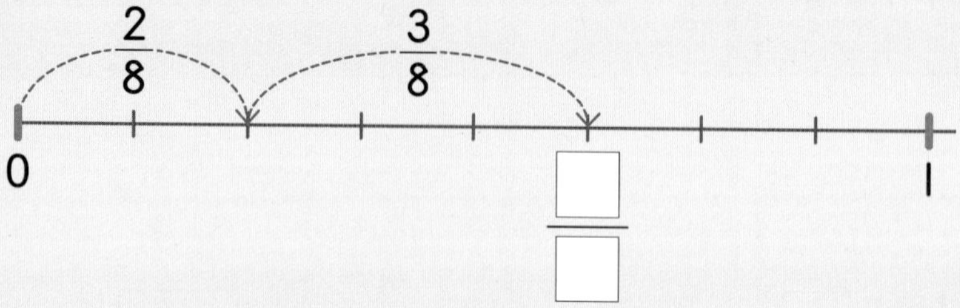

$\frac{2}{8}+\frac{3}{8}=\frac{\square}{\square}$

❸

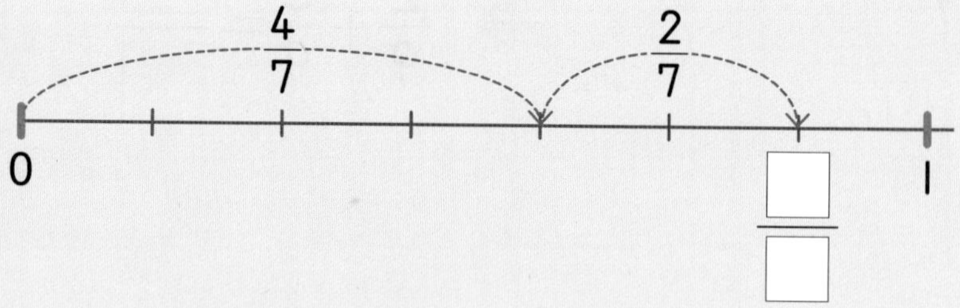

$\frac{4}{7}+\frac{2}{7}=\frac{\square}{\square}$

❹

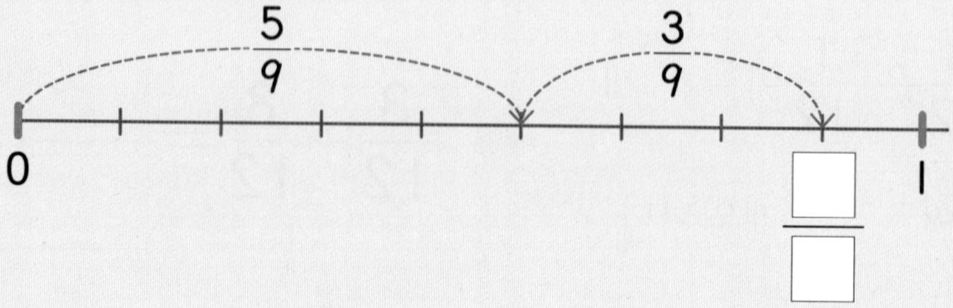

$\frac{5}{9}+\frac{3}{9}=\frac{\square}{\square}$

❖ □ 안에 알맞은 수를 써넣으시오.

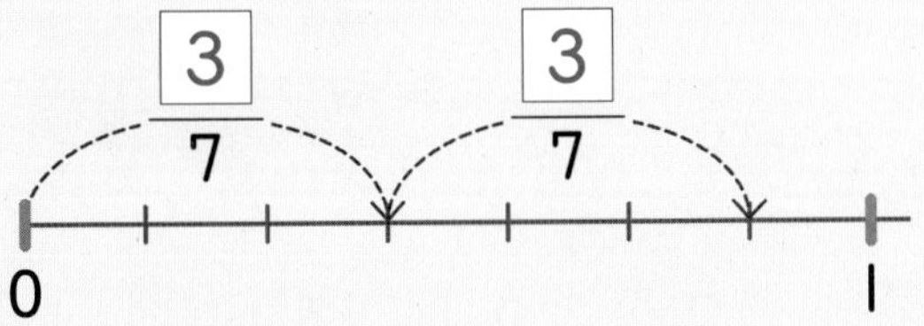

$\frac{3}{7}+\frac{3}{7}=\frac{\boxed{3}+\boxed{3}}{7}=\frac{\boxed{6}}{\boxed{7}}$

❶

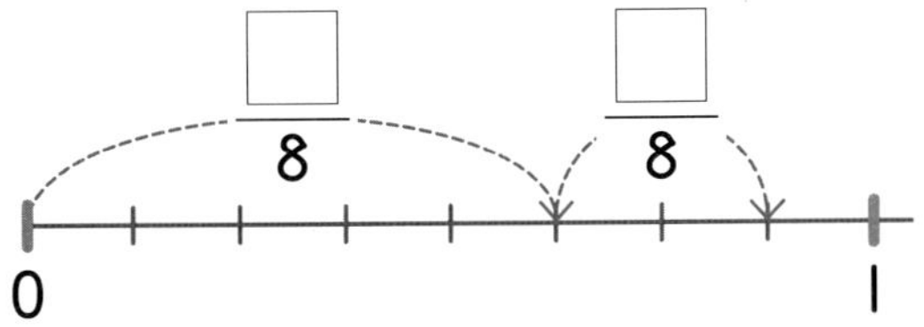

$\frac{5}{8}+\frac{2}{8}=\frac{\square+\square}{8}=\frac{\square}{\square}$

❷

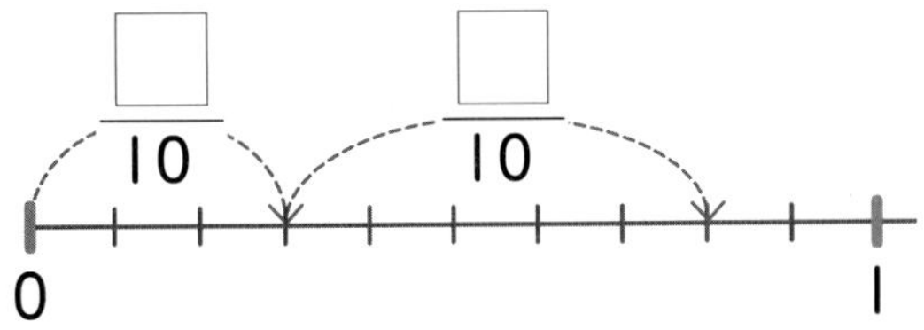

$\frac{3}{10}+\frac{5}{10}=\frac{\square+\square}{10}=\frac{\square}{\square}$

❸

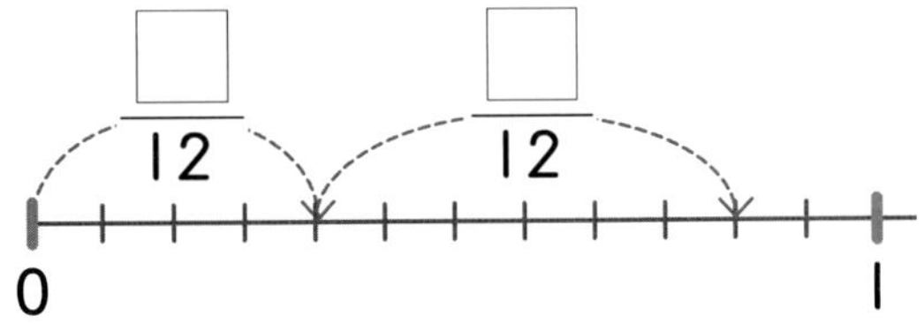

$\frac{4}{12}+\frac{6}{12}=\frac{\square+\square}{12}=\frac{\square}{\square}$

❹

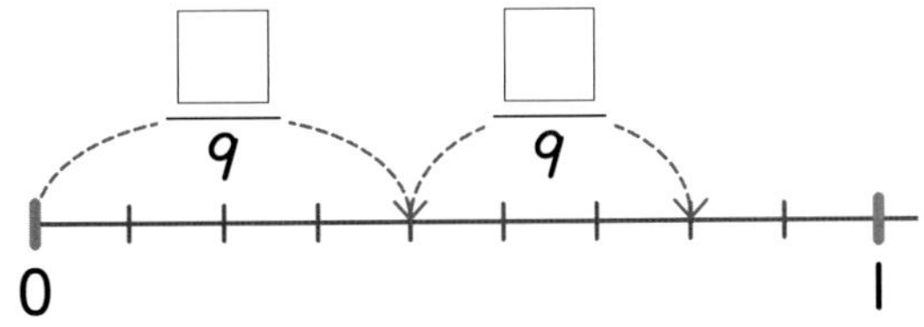

$\frac{4}{9}+\frac{3}{9}=\frac{\square+\square}{9}=\frac{\square}{\square}$

643 세 분수의 덧셈

◐ 그림을 보고 □ 안에 알맞은 수를 써넣으시오.

$$\frac{3}{12}+\frac{2}{12}+\frac{6}{12}=\frac{\boxed{11}}{12}$$

❶

$$\frac{2}{10}+\frac{3}{10}+\frac{4}{10}=\frac{\square}{10}$$

❷

$$\frac{4}{9}+\frac{1}{9}+\frac{2}{9}==\frac{\square}{9}$$

❸

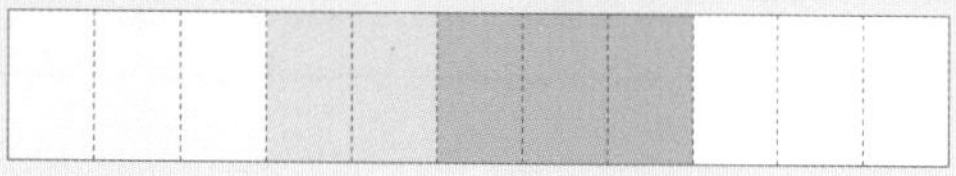

$$\frac{3}{11}+\frac{2}{11}+\frac{3}{11}=\frac{\square}{11}$$

❹

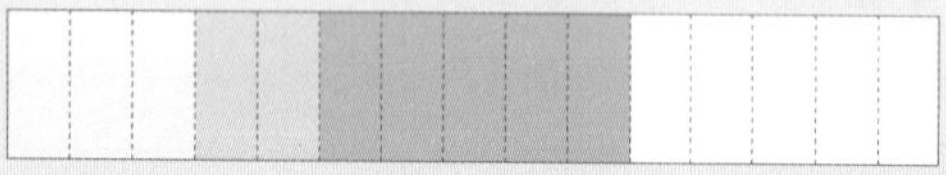

$$\frac{3}{15}+\frac{2}{15}+\frac{5}{15}=\frac{\square}{15}$$

❺

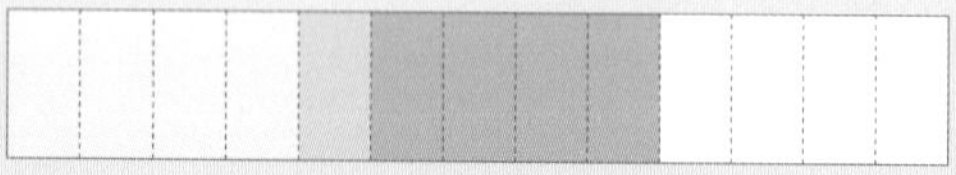

$$\frac{4}{13}+\frac{1}{13}+\frac{4}{13}=\frac{\square}{13}$$

❻

$$\frac{1}{8}+\frac{4}{8}+\frac{2}{8}=\frac{\square}{8}$$

❼

$$\frac{7}{14}+\frac{1}{14}+\frac{2}{14}=\frac{\square}{14}$$

월 일

□ 안에 알맞은 수를 써넣으시오.

$$\frac{2}{8}+\frac{3}{8}+\frac{4}{8}=\frac{\boxed{2}+\boxed{3}+\boxed{4}}{8}=\frac{\boxed{9}}{\boxed{8}}=\boxed{1}\frac{\boxed{1}}{\boxed{8}}$$

❶ $\frac{4}{6}+\frac{3}{6}+\frac{4}{6}=\frac{\square+\square+\square}{6}=\frac{\square}{\square}=\square\frac{\square}{\square}$

❷ $\frac{7}{10}+\frac{3}{10}+\frac{9}{10}=\frac{\square+\square+\square}{10}=\frac{\square}{\square}=\square\frac{\square}{\square}$

❸ $\frac{8}{9}+\frac{7}{9}+\frac{1}{9}=\frac{\square+\square+\square}{9}=\frac{\square}{\square}=\square\frac{\square}{\square}$

❹ $\frac{4}{11}+\frac{5}{11}+\frac{9}{11}=\frac{\square+\square+\square}{11}=\frac{\square}{\square}=\square\frac{\square}{\square}$

❺ $\frac{3}{7}+\frac{4}{7}+\frac{5}{7}=\frac{\square+\square+\square}{7}=\frac{\square}{\square}=\square\frac{\square}{\square}$

644 수 카드 덧셈

◐ 수 카드 중에서 두 장을 사용하여 만들 수 있는 진분수를 모두 쓰고, 가장 작은 분수에 ○표 하시오.

2 7 6

$\frac{2}{6}$ (○ $\frac{2}{7}$) $\frac{6}{7}$

❶ 8 3 7

❷ 5 1 8

❸ 6 10 4

◐ 수 카드 중에서 두 장을 사용하여 만들 수 있는 진분수를 모두 쓰고, 가장 큰 분수에 △표 하시오.

10 9 3

$\frac{3}{9}$ $\frac{3}{10}$ (△ $\frac{9}{10}$)

❹ 4 9 8

❺ 7 2 8

❻ 1 10 11

✚ 수 카드 중에서 두 장을 사용하여 만들 수 있는 가장 큰 진분수와 가장 작은 진분수를 쓰고, 두 분수의 합을 대분수로 나타내시오.

가장 큰 분수 : $\frac{10}{12}$ 가장 작은 분수 : $\frac{3}{12}$

분수의 합 : $\frac{10}{12}+\frac{3}{12}=\frac{13}{12}=1\frac{1}{12}$

❶

가장 큰 분수 : ______ 가장 작은 분수 : ______

분수의 합 : ______________________

❷

가장 큰 분수 : ______ 가장 작은 분수 : ______

분수의 합 : ______________________

❸

가장 큰 분수 : ______ 가장 작은 분수 : ______

분수의 합 : ______________________

잘 공부했는지 알아봅시다

월 일

1 그림을 이용하여 $\frac{1}{8}+\frac{4}{8}$가 얼마인지 알아보시오.

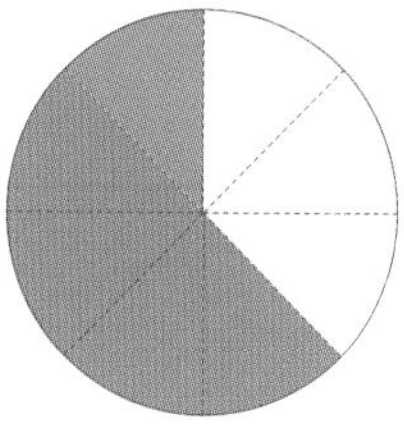

$$\frac{1}{8}+\frac{4}{8}=\frac{\square+\square}{8}=\frac{\square}{8}$$

2 다음 덧셈의 계산 결과는 진분수입니다. □ 안에 들어갈 수 있는 자연수를 모두 구하시오.

$$\frac{7}{11}+\frac{\square}{11}$$

3 분모가 10인 진분수 중에서 $\frac{6}{10}$보다 큰 분수들의 합을 대분수로 나타내시오.

4 수 카드 중에서 두 장을 사용하여 만들 수 있는 가장 큰 진분수와 가장 작은 진분수의 합을 대분수로 나타내시오.

4　5　7　10　12

2 분수의 뺄셈

645 진분수의 뺄셈

◐ 알맞게 색칠하고, □ 안에 알맞은 수를 써넣으시오.

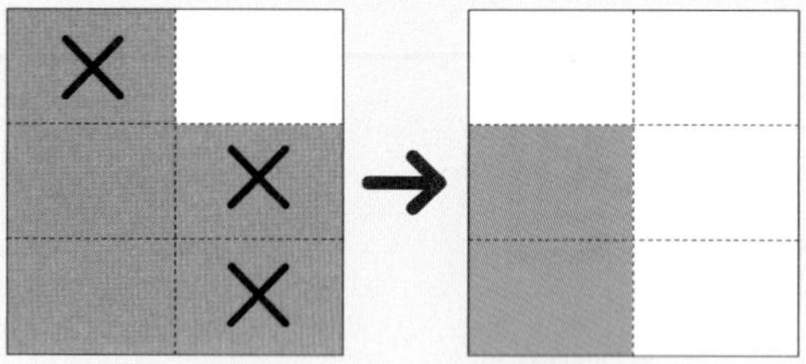

$\frac{5}{6}-\frac{3}{6}=\frac{2}{6}$

❶

$\frac{\square}{8}-\frac{\square}{8}=\frac{\square}{8}$

❷

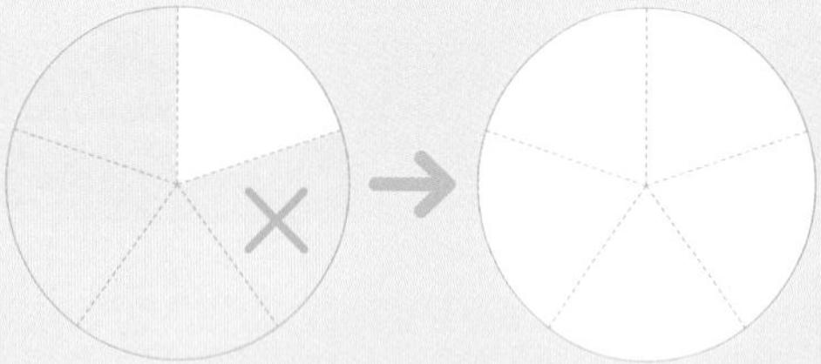

$\frac{\square}{5}-\frac{\square}{5}=\frac{\square}{5}$

❸

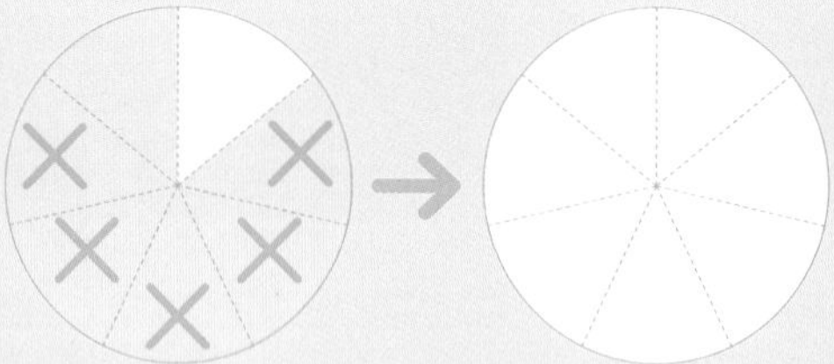

$\frac{\square}{7}-\frac{\square}{7}=\frac{\square}{7}$

❹

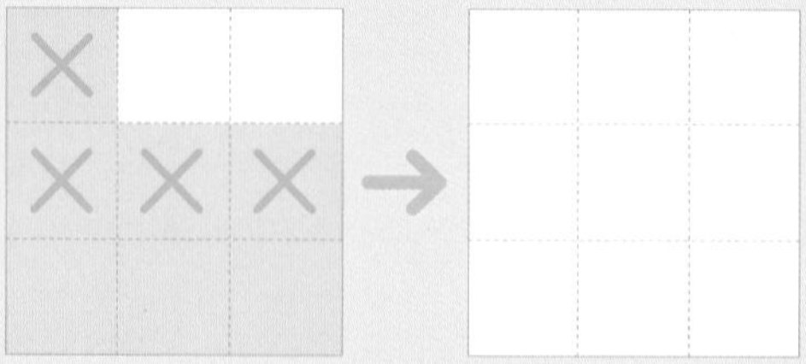

$\frac{\square}{9}-\frac{\square}{9}=\frac{\square}{9}$

❺

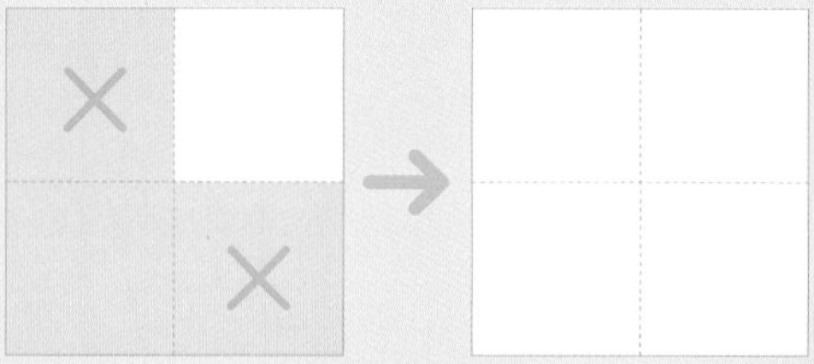

$\frac{\square}{4}-\frac{\square}{4}=\frac{\square}{4}$

◆ □ 안에 알맞은 수를 써넣으시오.

$\frac{6}{8}$은 $\frac{1}{8}$이 [6]개, $\frac{3}{8}$은 $\frac{1}{8}$이 [3]개이므로

$\frac{6}{8}-\frac{3}{8}$은 $\frac{1}{8}$이 [3]개입니다.

→ $\frac{6}{8}-\frac{3}{8}=\frac{3}{8}$

❶

$\frac{4}{6}$는 $\frac{1}{6}$이 □개, $\frac{3}{6}$은 $\frac{1}{6}$이 □개이므로

$\frac{4}{6}-\frac{3}{6}$은 $\frac{1}{6}$이 □개입니다.

→ $\frac{4}{6}-\frac{3}{6}=\frac{\square}{\square}$

❷

$\frac{5}{7}$는 $\frac{1}{7}$이 □개, $\frac{2}{7}$는 $\frac{1}{7}$이 □개이므로

$\frac{5}{7}-\frac{2}{7}$는 $\frac{1}{7}$이 □개입니다.

→ $\frac{5}{7}-\frac{2}{7}=\frac{\square}{\square}$

❸

$\frac{8}{9}$은 $\frac{1}{9}$이 □개, $\frac{5}{9}$는 $\frac{1}{9}$이 □개이므로

$\frac{8}{9}-\frac{5}{9}$는 $\frac{1}{9}$이 □개입니다.

→ $\frac{8}{9}-\frac{5}{9}=\frac{\square}{\square}$

646 수직선 뺄셈

◐ □ 안에 알맞은 수를 써넣으시오.

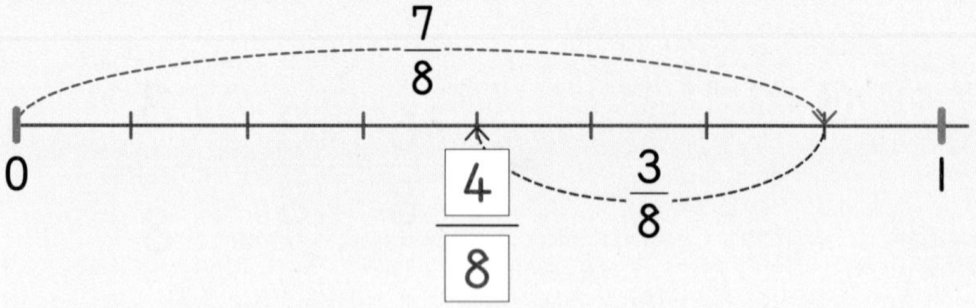

$\frac{7}{8}-\frac{3}{8}=\frac{4}{8}$

❶

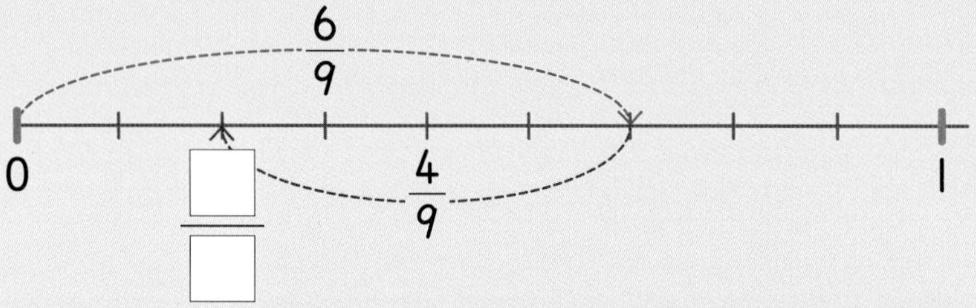

$\frac{6}{9}-\frac{4}{9}=\frac{\square}{\square}$

❷

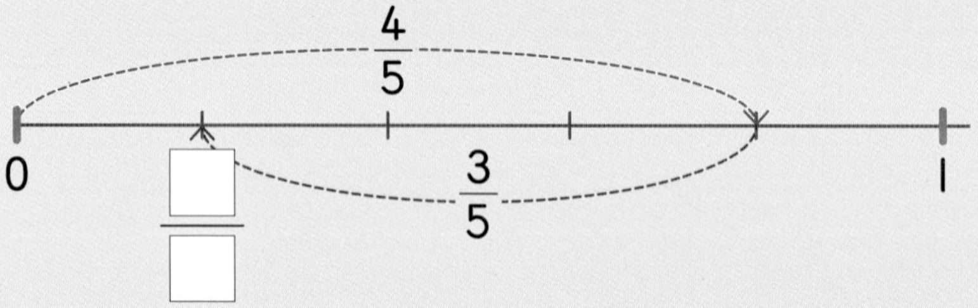

$\frac{4}{5}-\frac{3}{5}=\frac{\square}{\square}$

❸

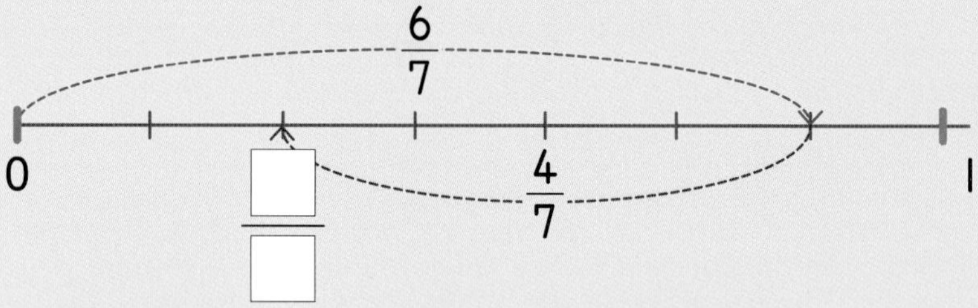

$\frac{6}{7}-\frac{4}{7}=\frac{\square}{\square}$

❹

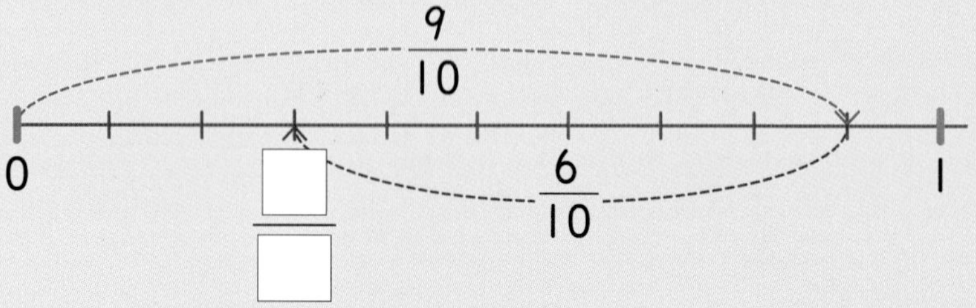

$\frac{9}{10}-\frac{6}{10}=\frac{\square}{\square}$

◆ □ 안에 알맞은 수를 써넣으시오.

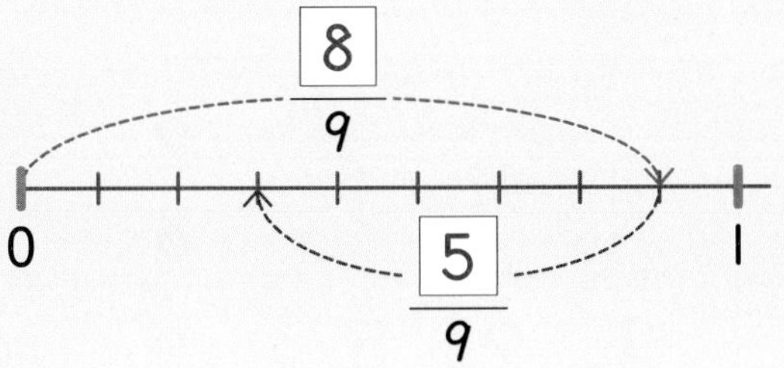

$$\frac{8}{9}-\frac{5}{9}=\frac{\boxed{8}-\boxed{5}}{9}=\frac{\boxed{3}}{\boxed{9}}$$

❶

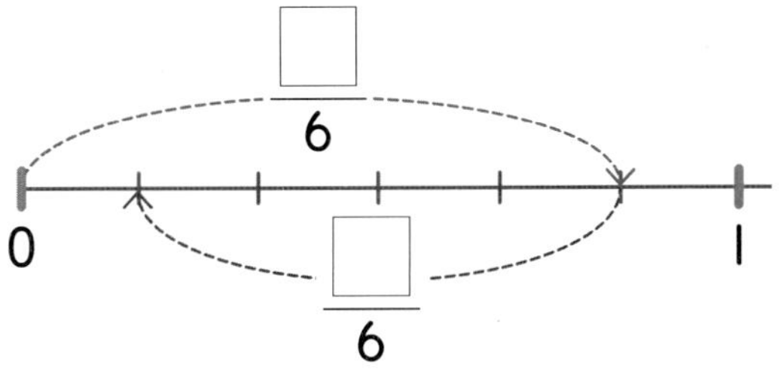

$$\frac{5}{6}-\frac{4}{6}=\frac{\square-\square}{6}=\frac{\square}{\square}$$

❷

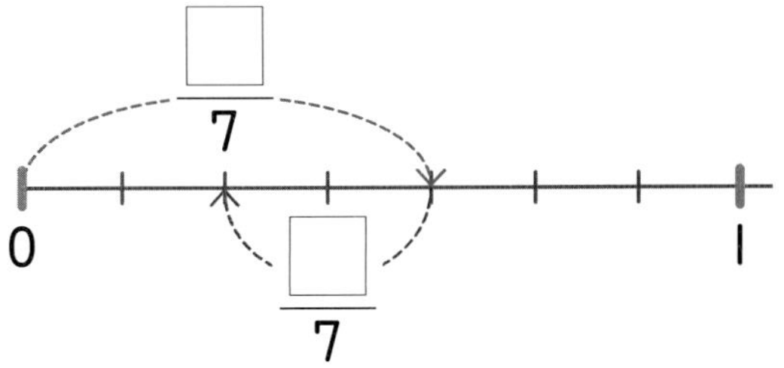

$$\frac{4}{7}-\frac{2}{7}=\frac{\square-\square}{7}=\frac{\square}{\square}$$

❸

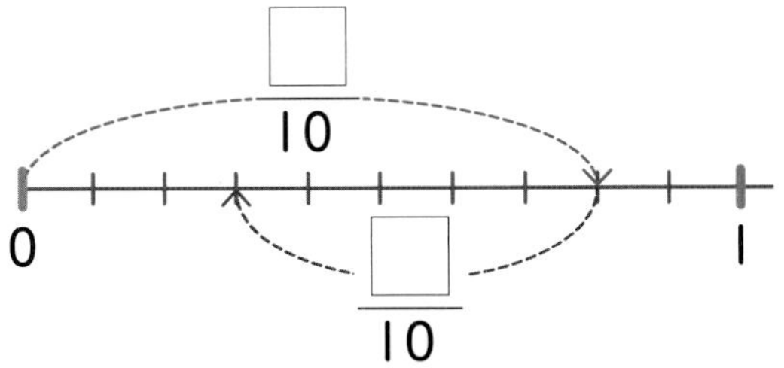

$$\frac{8}{10}-\frac{5}{10}=\frac{\square-\square}{10}=\frac{\square}{\square}$$

❹

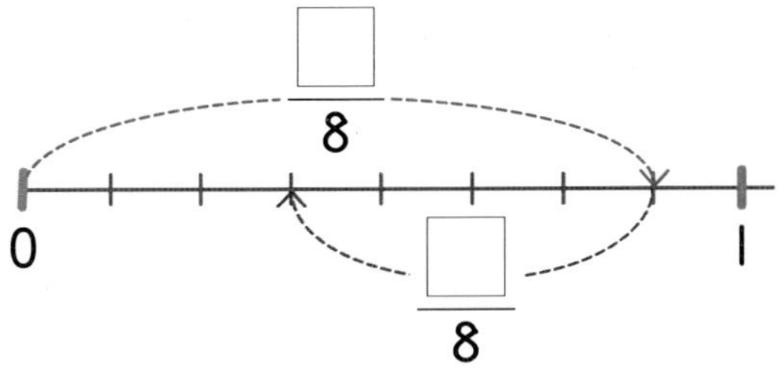

$$\frac{7}{8}-\frac{4}{8}=\frac{\square-\square}{8}=\frac{\square}{\square}$$

647 숫자 카드 뺄셈

◐ 수 카드 중에서 두 장을 사용하여 만들 수 있는 가장 큰 진분수와 가장 작은 진분수를 쓰고, 두 분수의 차를 구하시오.

2, 8, 7

가장 큰 분수 : $\frac{7}{8}$ 가장 작은 분수 : $\frac{2}{8}$

분수의 차 : $\frac{7}{8}-\frac{2}{8}=\frac{5}{8}$

❶ 9, 7, 1

가장 큰 분수 : ______ 가장 작은 분수 : ______

분수의 차 : ______

❷ 12, 3, 10

가장 큰 분수 : ______ 가장 작은 분수 : ______

분수의 차 : ______

❸ 10, 2, 8

가장 큰 분수 : ______ 가장 작은 분수 : ______

분수의 차 : ______

월 일

수 카드 중에서 두 장을 사용하여 만들 수 있는 가장 큰 진분수와 가장 작은 진분수의 차를 구하시오.

11 6 2 10

$$\frac{10}{11}-\frac{2}{11}=\frac{8}{11}$$

❶ 9 8 4 1

❷ 11 8 12 4

❸ 9 13 14 5

❹ 13 11 6 2

❺ 7 15 13 3

648 부등호 뺄셈

◐ □ 안에 들어갈 수 있는 수에 모두 ○표 하시오.

$\frac{7}{12}-\frac{\square}{12}>\frac{3}{12}$

(2) (3) 4 5 6

❶ $\frac{10}{15}-\frac{\square}{15}<\frac{7}{15}$

1 2 3 4 5

❷ $\frac{\square}{9}-\frac{1}{9}>\frac{5}{9}$

4 5 6 7 8

❸ $\frac{\square}{11}-\frac{3}{11}<\frac{4}{11}$

5 6 7 8 9

❹ $\frac{9}{10}-\frac{\square}{10}>\frac{6}{10}$

1 2 3 4 5

❺ $\frac{11}{12}-\frac{\square}{12}<\frac{5}{12}$

4 5 6 7 8

❻ $\frac{\square}{7}-\frac{2}{7}>\frac{2}{7}$

2 3 4 5 6

❼ $\frac{\square}{8}-\frac{2}{8}>\frac{1}{8}$

1 2 3 4 5

◆ □ 안에 들어갈 수 있는 가장 작은 자연수를 쓰시오.

$\frac{8}{10}-\frac{\boxed{5}}{10}<\frac{4}{10}$

❶ $\frac{6}{11}-\frac{\square}{11}<\frac{5}{11}$

❷ $\frac{10}{15}-\frac{\square}{15}<\frac{3}{15}$

❸ $\frac{9}{12}-\frac{\square}{12}<\frac{6}{12}$

❹ $\frac{7}{8}-\frac{\square}{8}<\frac{3}{8}$

❺ $\frac{4}{10}-\frac{\square}{10}<\frac{2}{10}$

◆ □ 안에 들어갈 수 있는 가장 큰 자연수를 쓰시오.

$\frac{9}{13}-\frac{\boxed{4}}{13}>\frac{4}{13}$

❻ $\frac{11}{12}-\frac{\square}{12}>\frac{7}{12}$

❼ $\frac{7}{8}-\frac{\square}{8}>\frac{2}{8}$

❽ $\frac{9}{10}-\frac{\square}{10}>\frac{6}{10}$

❾ $\frac{8}{9}-\frac{\square}{9}>\frac{3}{9}$

❿ $\frac{14}{15}-\frac{\square}{15}>\frac{4}{15}$

잘 공부했는지 알아봅시다

월 일

1 그림을 이용하여 $\frac{6}{7}-\frac{3}{7}$가 얼마인지 알아보시오.

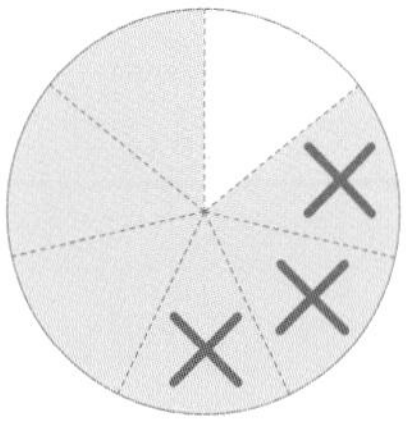

$$\frac{6}{7}-\frac{3}{7}=\frac{\square-\square}{7}=\frac{\square}{7}$$

2 가장 큰 수와 가장 작은 수의 차를 구하시오.

$$\frac{7}{11} \quad \frac{5}{11} \quad \frac{9}{11} \quad \frac{10}{11}$$

3 숫자 카드 중에서 두 장을 뽑아 만들 수 있는 가장 큰 진분수와 가장 작은 진분수의 차를 구하시오.

5 1 4 8 9

4 □ 안에 들어갈 수 있는 자연수 중에서 가장 큰 수를 쓰시오.

$$\frac{9}{10}-\frac{\square}{10}>\frac{6}{10}$$

3 자연수와 분수의 계산

649 1에서 빼기

◐ 1에서 진분수를 뺍니다. □ 안에 알맞은 수를 써넣으시오.

1은 $\frac{1}{4}$이 [4]개, $\frac{3}{4}$은 $\frac{1}{4}$이 [3]개이므로

$1-\frac{3}{4}$은 $\frac{1}{4}$이 [1]개입니다.

→ $1-\frac{3}{4}=\frac{1}{4}$

❶

1은 $\frac{1}{8}$이 □개, $\frac{5}{8}$는 $\frac{1}{8}$이 □개이므로

$1-\frac{5}{8}$는 $\frac{1}{8}$이 □개입니다.

→ $1-\frac{5}{8}=\frac{\square}{\square}$

❷

1은 $\frac{1}{9}$이 □개, $\frac{7}{9}$은 $\frac{1}{9}$이 □개이므로

$1-\frac{7}{9}$은 $\frac{1}{9}$이 □개입니다.

→ $1-\frac{7}{9}=\frac{\square}{\square}$

❸

1은 $\frac{1}{7}$이 □개, $\frac{2}{7}$는 $\frac{1}{7}$이 □개이므로

$1-\frac{2}{7}$는 $\frac{1}{7}$이 □개입니다.

→ $1-\frac{2}{7}=\frac{\square}{\square}$

◆ 1에서 진분수를 뺍니다. □ 안에 알맞은 수를 써넣으시오.

$1-\frac{3}{7}=\frac{\boxed{7}}{7}-\frac{3}{7}=\frac{\boxed{4}}{\boxed{7}}$

❶ $1-\frac{5}{6}=\frac{\square}{6}-\frac{5}{6}=\frac{\square}{\square}$

❷ $1-\frac{7}{10}=\frac{\square}{10}-\frac{7}{10}=\frac{\square}{\square}$

❸ $1-\frac{2}{9}=\frac{\square}{9}-\frac{2}{9}=\frac{\square}{\square}$

❹ $1-\frac{8}{12}=\frac{\square}{12}-\frac{8}{12}=\frac{\square}{\square}$

❺ $1-\frac{5}{8}=\frac{\square}{8}-\frac{5}{8}=\frac{\square}{\square}$

❻ $1-\frac{4}{5}=\frac{\square}{5}-\frac{4}{5}=\frac{\square}{\square}$

❼ $1-\frac{7}{8}=\frac{\square}{8}-\frac{7}{8}=\frac{\square}{\square}$

❽ $1-\frac{1}{7}=\frac{\square}{7}-\frac{1}{7}=\frac{\square}{\square}$

❾ $1-\frac{5}{9}=\frac{\square}{9}-\frac{5}{9}=\frac{\square}{\square}$

650 자연수에서 빼기

◐ 빼는 분수만큼 ×표 하고, □ 안에 알맞은 수를 써넣으시오.

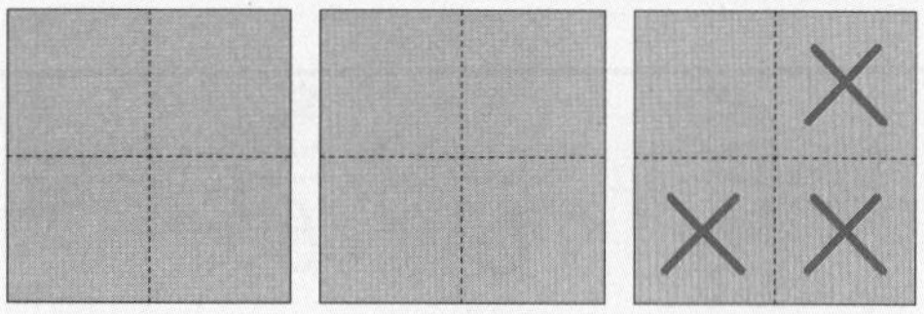

$3-\frac{3}{4}=2\frac{1}{4}$

❶

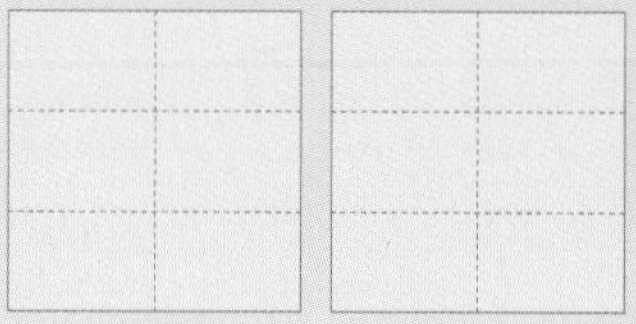

$2-\frac{5}{6}=\square\frac{\square}{\square}$

❷

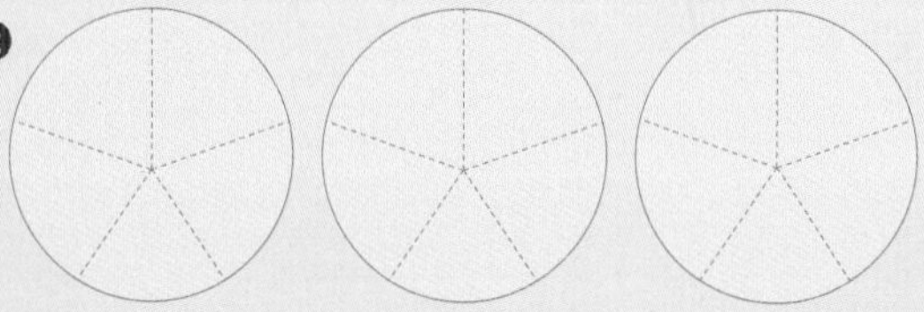

$3-\frac{2}{5}=\square\frac{\square}{\square}$

❸

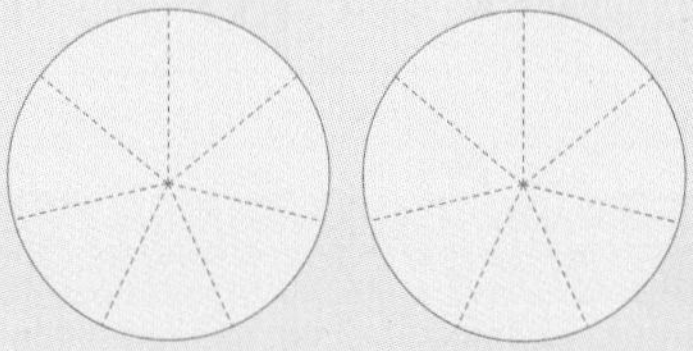

$2-\frac{6}{7}=\square\frac{\square}{\square}$

❹

$4-\frac{5}{9}=\square\frac{\square}{\square}$

❺

$6-\frac{7}{8}=\square\frac{\square}{\square}$

자연수에서 1만큼을 가분수로 바꾸어 뺄셈을 하시오.

$$5-\frac{3}{4}=\boxed{4}\,\frac{\boxed{4}}{4}-\frac{3}{4}$$
$$=\boxed{4}\,\frac{\boxed{1}}{\boxed{4}}$$

❶ $7-\frac{5}{6}=\square\,\frac{\square}{6}-\frac{5}{6}$
$=\square\,\frac{\square}{\square}$

❷ $3-\frac{2}{7}=\square\,\frac{\square}{7}-\frac{2}{7}$
$=\square\,\frac{\square}{\square}$

❸ $5-\frac{2}{5}=\square\,\frac{\square}{5}-\frac{2}{5}$
$=\square\,\frac{\square}{\square}$

❹ $2-\frac{7}{8}=\square\,\frac{\square}{8}-\frac{7}{8}$
$=\square\,\frac{\square}{\square}$

❺ $6-\frac{3}{10}=\square\,\frac{\square}{10}-\frac{3}{10}$
$=\square\,\frac{\square}{\square}$

651 진분수 카드 뺄셈

◐ 숫자 카드를 한 번씩 사용하여 여러 가지 (자연수)−(진분수)의 뺄셈식을 만든 것입니다. □ 안에 알맞은 수를 써넣고 계산 결과가 가장 큰 것에 ○표 하시오.

카드: 6, 3, 4

$6-\frac{3}{4}=5\frac{1}{4}$ (○)

$3-\frac{4}{6}=2\frac{2}{6}$

$4-\frac{3}{6}=3\frac{3}{6}$

❶ 카드: 4, 7, 5

$4-\frac{5}{7}=\square\frac{\square}{\square}$

$7-\frac{4}{5}=\square\frac{\square}{\square}$

$5-\frac{4}{7}=\square\frac{\square}{\square}$

❷ 카드: 3, 5, 2

$3-\frac{2}{5}=\square\frac{\square}{\square}$

$5-\frac{2}{3}=\square\frac{\square}{\square}$

$2-\frac{3}{5}=\square\frac{\square}{\square}$

❸ 카드: 2, 7, 6

$2-\frac{6}{7}=\square\frac{\square}{\square}$

$7-\frac{2}{6}=\square\frac{\square}{\square}$

$6-\frac{2}{7}=\square\frac{\square}{\square}$

◆ 숫자 카드를 한 번씩 사용하여 계산 결과가 가장 큰 (자연수)－(진분수)의 뺄셈식을 만들고 결과를 구하시오.

5 4 8

$$8 - \frac{4}{5} = 7\frac{1}{5}$$

❶

9 3 7

$$\square - \frac{\square}{\square} = \square\frac{\square}{\square}$$

❷

1 5 6

$$\square - \frac{\square}{\square} = \square\frac{\square}{\square}$$

❸

5 3 2

$$\square - \frac{\square}{\square} = \square\frac{\square}{\square}$$

❹

7 1 8

$$\square - \frac{\square}{\square} = \square\frac{\square}{\square}$$

❺

8 3 4

$$\square - \frac{\square}{\square} = \square\frac{\square}{\square}$$

652 자연수 사이의 분수

◐ □ 안에 들어갈 수 있는 수를 모두 구하시오.

$1 < \frac{3}{6} + \frac{\square}{6} < 2$ 4 5 6 7 8

❶ $2 < \frac{4}{7} + \frac{\square}{7} < 3$

❷ $3 < \frac{2}{5} + \frac{\square}{5} < 4$

❸ $2 < \frac{\square}{7} - \frac{5}{7} < 3$

❹ $1 < \frac{\square}{6} - \frac{1}{6} < 2$

❺ $3 < \frac{\square}{5} - \frac{2}{5} < 4$

□ 안에 들어갈 수 있는 수 중에서 가장 큰 수와 가장 작은 수를 구하시오.

$$1 < \frac{5}{8} + \frac{\square}{8} < 2$$

가장 큰 수 : 10

가장 작은 수 : 4

❶ $$1 < \frac{\square}{9} - \frac{3}{9} < 2$$

가장 큰 수 :

가장 작은 수 :

❷ $$2 < \frac{3}{4} + \frac{\square}{4} < 3$$

가장 큰 수 :

가장 작은 수 :

❸ $$2 < \frac{\square}{5} - \frac{2}{5} < 3$$

가장 큰 수 :

가장 작은 수 :

❹ $$3 < \frac{\square}{6} + \frac{5}{6} < 4$$

가장 큰 수 :

가장 작은 수 :

❺ $$1 < \frac{12}{5} - \frac{\square}{5} < 2$$

가장 큰 수 :

가장 작은 수 :

잘 공부했는지 알아봅시다

월 일

1 그림을 이용하여 $4-\frac{3}{5}$은 얼마인지 알아보시오.

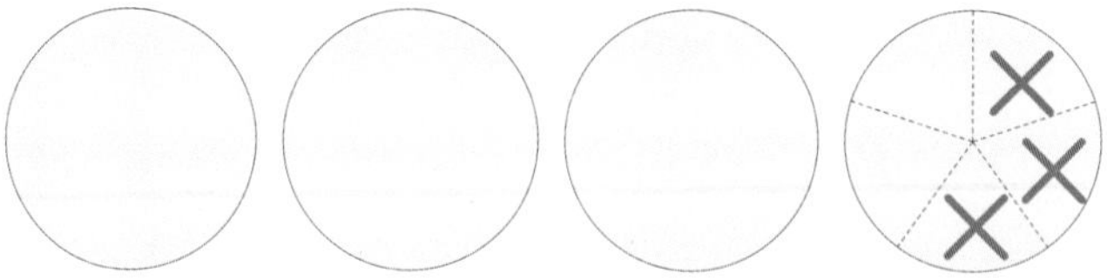

$$4-\frac{3}{5}=\square\frac{\square}{5}-\frac{3}{5}=\square\frac{\square}{\square}$$

2 어떤 자연수에서 $\frac{7}{10}$을 뺐더니 $1\frac{3}{10}$이 되었습니다. 어떤 자연수를 구하시오.

3 숫자 카드를 한 번씩 사용하여 계산 결과가 가장 큰 (자연수) − (진분수)의 뺄셈식을 만들고 결과를 구하시오.

2　3　4

4 □ 안에 들어갈 수 있는 수를 모두 구하시오.

$$2<\frac{3}{4}+\frac{\square}{4}<4$$

4 분수의 덧셈과 뺄셈

653 두 분수의 합과 차

◐ 두 분수의 합과 차를 구하는 식을 쓰고, 진분수나 대분수로 결과를 나타내시오.

$\frac{9}{10}$ $\frac{2}{10}$

합 : $\frac{9}{10}+\frac{2}{10}=\frac{11}{10}=1\frac{1}{10}$

차 : $\frac{9}{10}-\frac{2}{10}=\frac{7}{10}$

❶ $\frac{7}{8}$ $\frac{3}{8}$

합 :

차 :

❷ $\frac{7}{11}$ $\frac{1}{11}$

합 :

차 :

❸ $\frac{6}{9}$ $\frac{2}{9}$

합 :

차 :

❹ $\frac{6}{7}$ $\frac{2}{7}$

합 :

차 :

❺ $\frac{9}{12}$ $\frac{6}{12}$

합 :

차 :

◆ 두 분수를 구하고 합과 차에 맞는 덧셈식과 뺄셈식을 쓰시오

분모가 8인 진분수입니다. 합이 $\frac{7}{8}$이고 차가 $\frac{3}{8}$입니다.

$\frac{5}{8}$ $\frac{2}{8}$ $\frac{5}{8}+\frac{2}{8}=\frac{7}{8}, \frac{5}{8}-\frac{2}{8}=\frac{3}{8}$

❶ 분모가 9인 진분수입니다. 합이 $\frac{8}{9}$이고 차가 $\frac{2}{9}$입니다.

☐ ☐ ________________

❷ 분모가 6인 진분수입니다. 합이 $1\frac{3}{6}$이고 차가 $\frac{1}{6}$입니다.

☐ ☐ ________________

❸ 분모가 10인 진분수입니다. 합이 $1\frac{3}{10}$이고 차가 $\frac{5}{10}$입니다.

☐ ☐ ________________

654 세 분수의 덧셈과 뺄셈

◐ □ 안에 알맞은 수를 써넣으시오.

$\frac{3}{10}+\frac{7}{10}-\frac{5}{10}=\frac{\boxed{3}+\boxed{7}-\boxed{5}}{10}=\frac{\boxed{5}}{10}$

❶ $\frac{7}{11}-\frac{3}{11}+\frac{6}{11}=\frac{\square-\square+\square}{11}=\frac{\square}{11}$

❷ $\frac{2}{9}+\frac{4}{9}+\frac{1}{9}=\frac{\square+\square+\square}{9}=\frac{\square}{9}$

❸ $\frac{11}{12}-\frac{4}{12}-\frac{3}{12}=\frac{\square-\square-\square}{12}=\frac{\square}{12}$

❹ $\frac{9}{15}-\frac{1}{15}+\frac{3}{15}=\frac{\square-\square+\square}{15}=\frac{\square}{15}$

❺ $\frac{7}{13}+\frac{6}{13}-\frac{2}{13}=\frac{\square+\square-\square}{13}=\frac{\square}{13}$

❻ $\frac{9}{10}-\frac{2}{10}-\frac{5}{10}=\frac{\square-\square-\square}{10}=\frac{\square}{10}$

□ 안에 알맞은 수를 써넣으시오.

$$\frac{7}{11}-\frac{4}{11}+\frac{\boxed{6}}{11}=\frac{9}{11}$$

❶ $\frac{9}{13}+\frac{6}{13}-\frac{\square}{13}=\frac{11}{13}$

❷ $\frac{\square}{9}-\frac{2}{9}-\frac{3}{9}=\frac{3}{9}$

❸ $\frac{3}{10}+\frac{\square}{10}+\frac{1}{10}=\frac{7}{10}$

❹ $\frac{4}{15}+\frac{\square}{15}-\frac{7}{15}=\frac{10}{15}$

❺ $\frac{\square}{8}-\frac{3}{8}+\frac{1}{8}=\frac{5}{8}$

❻ $\frac{11}{12}-\frac{7}{12}-\frac{\square}{12}=\frac{1}{12}$

❼ $\frac{6}{13}+\frac{2}{13}+\frac{\square}{13}=\frac{10}{13}$

❽ $\frac{\square}{18}-\frac{3}{18}+\frac{9}{18}=\frac{11}{18}$

❾ $\frac{4}{9}+\frac{\square}{9}-\frac{3}{9}=\frac{7}{9}$

❿ $\frac{3}{15}+\frac{\square}{15}+\frac{2}{15}=\frac{14}{15}$

⓫ $\frac{\square}{16}-\frac{2}{16}-\frac{10}{16}=\frac{1}{16}$

655 진분수 문장제

◐ 식을 쓰고 답을 진분수 또는 대분수로 나타내시오.

끈 3m를 사서 선물을 포장하는데 $\frac{3}{7}$m를 사용하였습니다. 남은 끈의 길이는 몇 m입니까?

식 : $3-\frac{3}{7}=2\frac{4}{7}$(m)　　답 : $2\frac{4}{7}$ m

❶ 파란색 페인트 $\frac{2}{7}$L와 흰색 페인트 $\frac{3}{7}$L를 섞어서 하늘색 페인트를 만들었습니다. 만들어진 하늘색 페인트는 모두 몇 L입니까?

식 : ________　　답 : ____ L

❷ 승호는 어제 $\frac{5}{6}$시간 동안 운동을 했고, 오늘은 $\frac{3}{6}$시간 동안 운동을 했습니다. 승호는 어제 오늘보다 몇 시간 더 운동을 했습니까?

식 : ________　　답 : ____ 시간

❸ 소희는 색종이를 5장 가지고 있었습니다. 카네이션을 만드는데 $\frac{3}{4}$장을 사용하였다면 쓰고 남은 색종이는 몇 장입니까?

식 : ________　　답 : ____ 장

◆ 식을 쓰고 답을 진분수 또는 대분수로 나타내시오.

연주는 책을 어제까지 전체의 $\frac{2}{8}$만큼 읽고, 오늘은 전체의 $\frac{3}{8}$만큼 읽었습니다. 전체의 얼마만큼을 더 읽어야 책을 모두 읽게 됩니까?

식 : $1-\frac{2}{8}-\frac{3}{8}=\frac{3}{8}$ 답 : $\frac{3}{8}$

❶ 정호는 그제 $\frac{2}{12}$시간, 어제 $\frac{3}{12}$시간, 오늘은 $\frac{4}{12}$시간 동안 산책을 하였습니다. 정호는 3일 동안 산책을 몇 시간 하였습니까?

식 : ______ 답 : ______ 시간

❷ 민주네 가족은 지난 주 콩을 $\frac{3}{10}$kg 먹었고, 이번 주에는 지난 주보다 $\frac{1}{10}$kg 더 먹었습니다. 지난 주와 이번 주에 먹은 콩은 모두 몇 kg입니까?

식 : ______ 답 : ______ kg

❸ 길이가 5cm인 테이프 2개를 $\frac{1}{3}$cm 겹쳐 이어 붙였습니다. 이어 붙인 테이프의 전체 길이는 몇 cm입니까?

식 : ______ 답 : ______ cm

656 바르게 계산하기

◐ 어떤 수를 구하는 식과 답을 쓰시오.

어떤 수에 $\frac{3}{7}$을 더했더니 $\frac{5}{7}$가 되었습니다.

식 : $\square+\frac{3}{7}=\frac{5}{7}$ 어떤 수 : $\frac{2}{7}$

❶ 어떤 수에서 $\frac{3}{10}$을 빼었더니 $\frac{4}{10}$가 되었습니다.

식 : 어떤 수 :

❷ $\frac{7}{11}$에서 어떤 수를 빼었더니 $\frac{4}{11}$가 되었습니다.

식 : 어떤 수 :

❸ $\frac{3}{8}$에 어떤 수를 더했더니 $\frac{6}{8}$이 되었습니다.

식 : 어떤 수 :

❹ 어떤 수와 $\frac{3}{9}$의 합은 $\frac{7}{9}$입니다.

식 : 어떤 수 :

⊕ 어떤 수를 구하고, 물음에 답하시오.

어떤 수에서 $\frac{2}{7}$를 빼야할 것을 잘못하여 더했더니 $\frac{6}{7}$이 되었습니다. 바르게 계산하면 얼마입니까?

어떤 수 : $\square+\frac{2}{7}=\frac{6}{7}$, $\square=\frac{4}{7}$

바른 계산 : $\frac{4}{7}-\frac{2}{7}=\frac{2}{7}$

❶ 어떤 수에 $\frac{3}{11}$을 더해야 할 것을 잘못하여 뺐더니 $\frac{4}{11}$가 되었습니다. 바르게 계산하면 얼마입니까?

어떤 수 :

바른 계산 :

❷ 어떤 수에 $\frac{3}{8}$을 더해야 할 것을 잘못하여 $\frac{5}{8}$를 더하였더니 $\frac{7}{8}$이 되었습니다. 바르게 계산하면 얼마입니까?

어떤 수 :

바른 계산 :

❸ 어떤 수에서 $\frac{3}{10}$을 빼야 할 것을 잘못하여 $\frac{2}{10}$를 뺐더니 $\frac{5}{10}$가 되었습니다. 바르게 계산하면 얼마입니까?

어떤 수 :

바른 계산 :

잘 공부했는지 알아봅시다

월 일

1 분모가 9인 진분수가 두 개 있습니다. 합이 1이고 차가 $\frac{3}{9}$인 두 진분수를 구하시오.

2 종호와 진우는 함께 조각 퍼즐을 맞추고 있습니다. 종호는 전체의 $\frac{3}{8}$을, 진우는 전체의 $\frac{2}{8}$를 맞추었습니다. 종호와 진우가 맞춘 조각 퍼즐은 전체의 얼마입니까?

3 어떤 수에서 $\frac{3}{10}$을 빼야할 것을 잘못하여 더하였더니 $\frac{7}{10}$이 되었습니다. 바르게 계산하면 얼마입니까?

4 집에서 학교까지의 거리는 몇 km입니까?

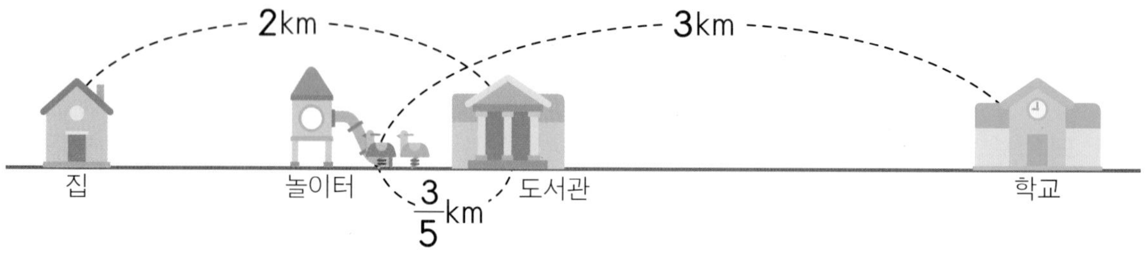

5 대분수의 덧셈

657 대분수의 덧셈

◐ 알맞게 색칠하고, 분수의 덧셈을 하시오.

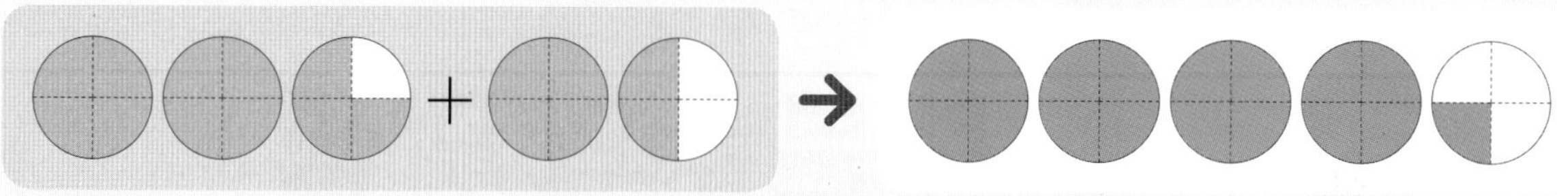

$$2\frac{3}{4}+1\frac{2}{4}=\boxed{4}\frac{\boxed{1}}{\boxed{4}}$$

❶

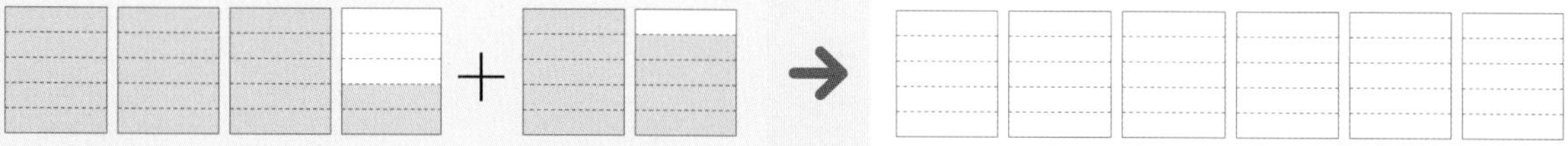

$$3\frac{2}{5}+1\frac{4}{5}=\square\frac{\square}{\square}$$

❷

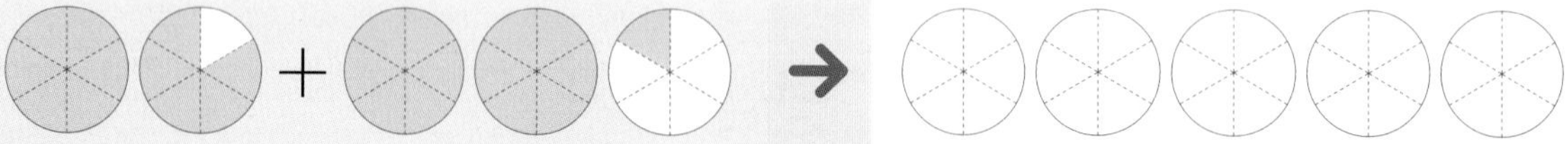

$$1\frac{5}{6}+2\frac{1}{6}=\square$$

❸

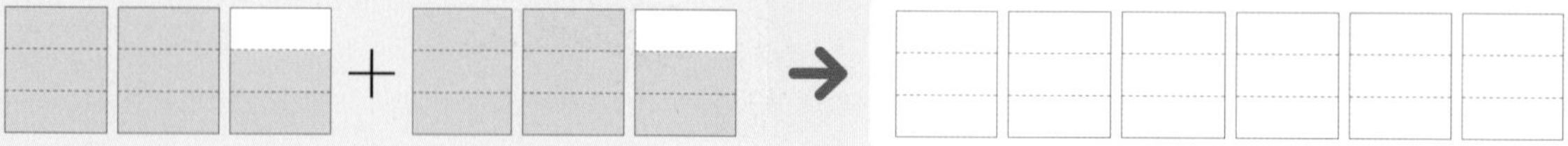

$$2\frac{2}{3}+2\frac{2}{3}=\square\frac{\square}{\square}$$

□ 안에 알맞은 수를 써넣으시오.

$$3\frac{3}{7}+4\frac{6}{7}=(\boxed{3}+\boxed{4})+(\frac{\boxed{3}}{7}+\frac{\boxed{6}}{7})$$
$$=\boxed{7}+\boxed{1}\frac{\boxed{2}}{7}=\boxed{8}\frac{\boxed{2}}{7}$$

❶ $3\frac{2}{9}+3\frac{5}{9}=(\square+\square)+(\frac{\square}{9}+\frac{\square}{9})$
$$=\square+\frac{\square}{9}=\square\frac{\square}{\square}$$

❷ $4\frac{5}{8}+1\frac{6}{8}=(\square+\square)+(\frac{\square}{8}+\frac{\square}{8})$
$$=\square+\square\frac{\square}{8}=\square\frac{\square}{8}$$

❸ $2\frac{3}{10}+5\frac{6}{10}=(\square+\square)+(\frac{\square}{10}+\frac{\square}{10})$
$$=\square+\frac{\square}{10}=\square\frac{\square}{\square}$$

658 가분수로 고쳐 덧셈하기

◐ □ 안에 알맞은 수를 써넣으시오.

$2\frac{1}{3}$은 $\frac{1}{3}$이 [7]개,

$5\frac{1}{3}$은 $\frac{1}{3}$이 [16]개이므로

$2\frac{1}{3}+5\frac{1}{3}$은

$\frac{1}{3}$이 [23]개입니다.

$$2\frac{1}{3}+5\frac{1}{3}=\frac{\boxed{23}}{3}=\boxed{7}\frac{\boxed{2}}{3}$$

❶

$3\frac{2}{5}$는 $\frac{1}{5}$이 □개,

$2\frac{2}{5}$는 $\frac{1}{5}$이 □개이므로

$3\frac{2}{5}+2\frac{2}{5}$는

$\frac{1}{5}$이 □개입니다.

$$3\frac{2}{5}+2\frac{2}{5}=\frac{\square}{5}=\square\frac{\square}{5}$$

❷

$1\frac{1}{6}$은 $\frac{1}{6}$이 □개,

$3\frac{4}{6}$는 $\frac{1}{6}$이 □개이므로

$1\frac{1}{6}+3\frac{4}{6}$는

$\frac{1}{6}$이 □개입니다.

$$1\frac{1}{6}+3\frac{4}{6}=\frac{\square}{6}=\square\frac{\square}{6}$$

❸

$4\frac{6}{7}$은 $\frac{1}{7}$이 □개,

$2\frac{5}{7}$는 $\frac{1}{7}$이 □개이므로

$4\frac{6}{7}+2\frac{5}{7}$는

$\frac{1}{7}$이 □개입니다.

$$4\frac{6}{7}+2\frac{5}{7}=\frac{\square}{7}=\square\frac{\square}{7}$$

□ 안에 알맞은 수를 써넣으시오.

$1\frac{2}{5}+2\frac{4}{5}=\frac{\boxed{7}}{5}+\frac{\boxed{14}}{5}=\frac{\boxed{21}}{5}=\boxed{4}\frac{\boxed{1}}{5}$

❶ $3\frac{4}{7}+3\frac{5}{7}=\frac{\square}{7}+\frac{\square}{7}=\frac{\square}{7}=\square\frac{\square}{7}$

❷ $2\frac{1}{3}+4\frac{1}{3}=\frac{\square}{3}+\frac{\square}{3}=\frac{\square}{3}=\square\frac{\square}{3}$

❸ $2\frac{1}{4}+5\frac{2}{4}=\frac{\square}{4}+\frac{\square}{4}=\frac{\square}{4}=\square\frac{\square}{4}$

❹ $3\frac{4}{6}+2\frac{3}{6}=\frac{\square}{6}+\frac{\square}{6}=\frac{\square}{6}=\square\frac{\square}{6}$

❺ $1\frac{3}{8}+5\frac{6}{8}=\frac{\square}{8}+\frac{\square}{8}=\frac{\square}{8}=\square\frac{\square}{8}$

❻ $2\frac{6}{7}+1\frac{4}{7}=\frac{\square}{7}+\frac{\square}{7}=\frac{\square}{7}=\square\frac{\square}{7}$

659 덧셈 상자

◐ 빈칸에 알맞은 수를 써넣으시오.

+	$\frac{4}{5}$	$1\frac{1}{5}$
3	$3\frac{4}{5}$	$4\frac{1}{5}$
$3\frac{2}{5}$	$4\frac{1}{5}$	$4\frac{3}{5}$

❶

+	$\frac{5}{6}$	$1\frac{3}{6}$
2		
$2\frac{2}{6}$		

❷

+	$\frac{5}{7}$	$2\frac{2}{7}$
4		
$3\frac{4}{7}$		

❸

+	$\frac{7}{8}$	$2\frac{3}{8}$
3		
$2\frac{4}{8}$		

❹

+	$\frac{3}{4}$	$3\frac{1}{4}$
2		
$4\frac{2}{4}$		

❺

+	$\frac{4}{7}$	$1\frac{6}{7}$
5		
$5\frac{2}{7}$		

◆ 빈칸에 알맞은 수를 써넣으시오.

+	$\frac{1}{5}$	$3\frac{4}{5}$
2	$2\frac{1}{5}$	$5\frac{4}{5}$
$2\frac{3}{5}$	$2\frac{4}{5}$	$6\frac{2}{5}$

❶

+		$2\frac{4}{9}$
		$6\frac{4}{9}$
$1\frac{6}{9}$	$1\frac{8}{9}$	

❷

+		$1\frac{4}{7}$
$3\frac{5}{7}$	$7\frac{5}{7}$	
		$2\frac{3}{7}$

❸

+	$2\frac{6}{8}$	
	$3\frac{1}{8}$	
$1\frac{3}{8}$		$4\frac{3}{8}$

❹

+	$4\frac{2}{6}$	
	$5\frac{1}{6}$	
$2\frac{3}{6}$		$4\frac{3}{6}$

❺

+		$3\frac{5}{7}$
$1\frac{3}{7}$	$1\frac{4}{7}$	
		$6\frac{5}{7}$

660 대분수 카드 덧셈

◐ 숫자 카드를 한 번씩 모두 사용하여 덧셈식을 완성하시오.

2	4	5	3

$\boxed{2}\frac{\boxed{4}}{7}+\boxed{3}\frac{\boxed{5}}{7}=6\frac{2}{7}$

❶

1	4	6	2

$\square\frac{\square}{8}+\square\frac{\square}{8}=8\frac{5}{8}$

❷

1	3	4	5

$\square\frac{\square}{6}+\square\frac{\square}{6}=8\frac{5}{6}$

❸

1	4	3	2

$\square\frac{\square}{5}+\square\frac{\square}{5}=4\frac{2}{5}$

❹

6	8	5	7

$\square\frac{\square}{9}+\square\frac{\square}{9}=12\frac{6}{9}$

❺

2	3	5	6

$\square\frac{\square}{8}+\square\frac{\square}{8}=8\frac{1}{8}$

● 숫자 카드를 한 번씩 모두 사용하여 합이 가장 큰 덧셈식을 만들고, 결과를 구하시오.

1 3 2 4

$4\frac{2}{7}+3\frac{1}{7}=7\frac{3}{7}$

❶ 1 4 6 3

$\square\frac{\square}{5}+\square\frac{\square}{5}=\square$

❷ 2 4 5 3

$\square\frac{\square}{6}+\square\frac{\square}{6}=\square$

❸ 7 8 1 2

$\square\frac{\square}{8}+\square\frac{\square}{8}=\square$

❹ 3 4 5 1

$\square\frac{\square}{9}+\square\frac{\square}{9}=\square$

❺ 6 2 7 9

$\square\frac{\square}{7}+\square\frac{\square}{7}=\square$

잘 공부했는지 알아봅시다

월 일

1 계산 결과가 같은 것끼리 선으로 이으시오.

$3+\frac{2}{7}$ •	• $1\frac{2}{7}+2\frac{1}{7}$
$2\frac{5}{7}+\frac{5}{7}$ •	• $2\frac{4}{7}+1$
$1\frac{2}{7}+2\frac{2}{7}$ •	• $1\frac{4}{7}+1\frac{5}{7}$

2 두 대분수의 합을 빈칸에 써넣으시오.

❶

$5\frac{2}{8}$	$5\frac{3}{8}$

❷

$6\frac{6}{7}$	$2\frac{3}{7}$

3 숫자 카드를 한 번씩 모두 사용하여 다음 식을 완성하시오.

2 7 8 3

❶ $\square\frac{\square}{11}+\square\frac{\square}{11}=6\frac{4}{11}$

❷ $\square\frac{\square}{10}+\square\frac{\square}{10}=6\frac{5}{10}$

6 자연수와 대분수의 계산

661 합이 자연수인 대분수

◐ 두 대분수의 합이 자연수가 되는 것에 ○표, 아닌 것에 ×표 하시오.

$2\frac{3}{7}+3\frac{4}{7}$ (○)

$1\frac{3}{7}+2\frac{3}{7}$ (×)

❶ $2\frac{2}{6}+2\frac{5}{6}$ (   )

$3\frac{1}{6}+4\frac{5}{6}$ (   )

❷ $7\frac{1}{9}+2\frac{8}{9}$ (   )

$6\frac{2}{9}+3\frac{4}{9}$ (   )

❸ $4\frac{2}{5}+3\frac{2}{5}$ (   )

$5\frac{4}{5}+2\frac{1}{5}$ (   )

❹ $2\frac{3}{8}+3\frac{5}{8}$ (   )

$4\frac{2}{8}+3\frac{4}{8}$ (   )

❺ $6\frac{1}{2}+3\frac{1}{2}$ (   )

$2\frac{1}{3}+3\frac{1}{3}$ (   )

❻ $7\frac{3}{10}+3\frac{6}{10}$ (   )

$2\frac{5}{10}+3\frac{5}{10}$ (   )

❼ $5\frac{2}{4}+3\frac{3}{4}$ (   )

$6\frac{1}{4}+7\frac{3}{4}$ (   )

합이 자연수가 되는 두 대분수에 ○표 하고, 그 합을 □ 안에 써넣으시오.

(예) $3\frac{1}{4}$ (○) $2\frac{3}{5}$ $4\frac{2}{4}$ $1\frac{3}{4}$ (○) → 5

❶ $6\frac{4}{5}$ $3\frac{3}{7}$ $2\frac{4}{7}$ $5\frac{2}{7}$ → □

❷ $1\frac{1}{7}$ $3\frac{1}{8}$ $2\frac{5}{8}$ $4\frac{7}{8}$ → □

❸ $2\frac{3}{9}$ $2\frac{6}{9}$ $3\frac{5}{9}$ $4\frac{5}{8}$ → □

❹ $7\frac{3}{10}$ $2\frac{7}{12}$ $4\frac{5}{10}$ $3\frac{7}{10}$ → □

❺ $8\frac{1}{3}$ $7\frac{1}{4}$ $6\frac{2}{3}$ $5\frac{3}{5}$ → □

❻ $1\frac{1}{6}$ $3\frac{2}{6}$ $3\frac{5}{7}$ $5\frac{4}{6}$ → □

❼ $6\frac{2}{6}$ $2\frac{4}{5}$ $5\frac{2}{6}$ $3\frac{1}{5}$ → □

662 자연수에서 대분수 빼기

◐ 빼는 대분수만큼 지우고, □ 안에 알맞은 수를 써넣으시오.

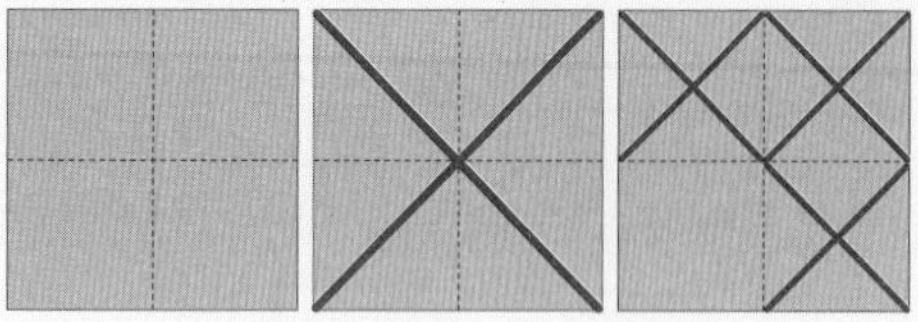

→ $3-1\frac{3}{4}=\boxed{1}\,\frac{\boxed{1}}{4}$

❶

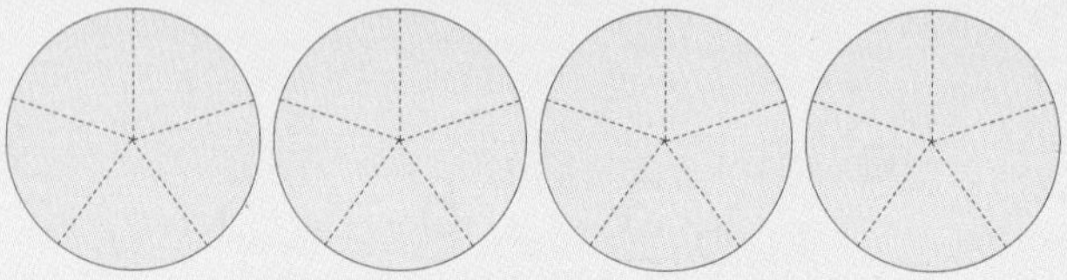

→ $4-2\frac{2}{5}=\square\,\frac{\square}{5}$

❷

→ $5-1\frac{1}{6}=\square\,\frac{\square}{6}$

❸

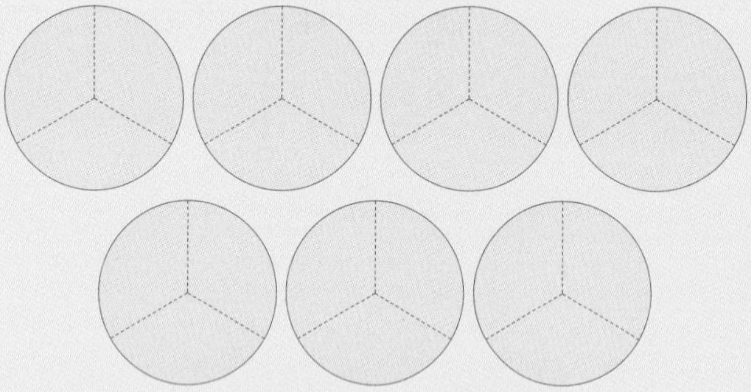

→ $7-4\frac{1}{3}=\square\,\frac{\square}{3}$

❹

→ $3-1\frac{3}{8}=\square\,\frac{\square}{8}$

□ 안에 알맞은 수를 써넣으시오.

$5-2\frac{2}{5}=\boxed{4}\frac{\boxed{5}}{5}-2\frac{2}{5}$
$=\boxed{2}\frac{\boxed{3}}{5}$

❶ $3-1\frac{1}{7}=\square\frac{\square}{7}-1\frac{1}{7}$
$=\square\frac{\square}{7}$

❷ $4-2\frac{3}{8}=\square\frac{\square}{8}-2\frac{3}{8}$
$=\square\frac{\square}{8}$

❸ $7-3\frac{4}{6}=\square\frac{\square}{6}-3\frac{4}{6}$
$=\square\frac{\square}{6}$

❹ $5-3\frac{1}{2}=\square\frac{\square}{2}-3\frac{1}{2}$
$=\square\frac{\square}{2}$

❺ $6-4\frac{2}{3}=\square\frac{\square}{3}-4\frac{2}{3}$
$=\square\frac{\square}{3}$

❻ $9-4\frac{3}{7}=\square\frac{\square}{7}-4\frac{3}{7}$
$=\square\frac{\square}{7}$

❼ $8-3\frac{4}{5}=\square\frac{\square}{5}-3\frac{4}{5}$
$=\square\frac{\square}{5}$

663 가장 큰 뺄셈식

◐ 숫자 카드를 한 번씩 사용하여 만든 여러 가지 (자연수)−(대분수)의 뺄셈식을 계산하고, 결과가 가장 큰 것에 ○표 하시오.

숫자 카드: 3, 4, 5, 7

$5-4\frac{3}{7}=\frac{4}{7}$

$7-3\frac{4}{5}=3\frac{1}{5}$ (○)

$7-5\frac{3}{4}=1\frac{1}{4}$

$4-3\frac{5}{7}=\frac{2}{7}$

❶

숫자 카드: 1, 4, 5, 8

$8-5\frac{1}{4}=\square\frac{\square}{\square}$

$8-4\frac{1}{5}=\square\frac{\square}{\square}$

$5-4\frac{1}{8}=\frac{\square}{\square}$

$4-1\frac{5}{8}=\square\frac{\square}{\square}$

❷

숫자 카드: 2, 3, 6, 7

$7-2\frac{3}{6}=\square\frac{\square}{\square}$

$3-2\frac{6}{7}=\frac{\square}{\square}$

$7-6\frac{2}{3}=\frac{\square}{\square}$

$6-3\frac{2}{7}=\square\frac{\square}{\square}$

⊕ 숫자 카드를 한 번씩 사용하여 계산 결과가 가장 큰 (자연수)−(대분수)의 뺄셈 식을 만들고 결과를 구하시오.

3 4 5 6

$6-3\frac{4}{5}=2\frac{1}{5}$

❶ 1 6 4 3

❷ 1 3 4 5

❸ 7 2 3 5

❹ 6 5 9 8

❺ 8 7 1 2

664 분수의 합과 차

◐ 자연수와 대분수의 합과 차를 구하고, 구한 합과 차를 더하시오.

$4+2\frac{1}{4}=6\frac{1}{4}$

$4-2\frac{1}{4}=1\frac{3}{4}$

⊕ 8

❶ $5+3\frac{1}{3}=\square$

$5-3\frac{1}{3}=\square$

⊕ $\square$

❷ $3+1\frac{2}{5}=\square$

$3-1\frac{2}{5}=\square$

⊕ $\square$

❸ $6+2\frac{5}{6}=\square$

$6-2\frac{5}{6}=\square$

⊕ $\square$

❹ $4+2\frac{2}{7}=\square$

$4-2\frac{2}{7}=\square$

⊕ $\square$

❺ $3+1\frac{3}{8}=\square$

$3-1\frac{3}{8}=\square$

⊕ $\square$

❻ $7+3\frac{1}{2}=\square$

$7-3\frac{1}{2}=\square$

⊕ $\square$

❼ $5+3\frac{3}{5}=\square$

$5-3\frac{3}{5}=\square$

⊕ $\square$

◆는 자연수, ★는 대분수입니다. 합과 차를 보고, ◆와 ★의 값을 각각 구하시오.

$◆+★=4\frac{2}{3}$

$◆-★=1\frac{1}{3}$

◆ = 3 ★ = $1\frac{2}{3}$

❶

$◆+★=7\frac{3}{5}$

$◆-★=2\frac{2}{5}$

◆ = □ ★ = □

❷

$◆+★=5\frac{3}{4}$

$◆-★=2\frac{1}{4}$

◆ = □ ★ = □

❸

$◆+★=8\frac{4}{7}$

$◆-★=3\frac{3}{7}$

◆ = □ ★ = □

❹

$◆+★=4\frac{7}{10}$

$◆-★=1\frac{3}{10}$

◆ = □ ★ = □

❺

$◆+★=5\frac{3}{9}$

$◆-★=\frac{6}{9}$

◆ = □ ★ = □

잘 공부했는지 알아봅시다

월 일

1 4를 분모가 5인 두 대분수의 합으로 나타내면 다음과 같습니다.

$4=1\frac{1}{5}+2\frac{4}{5}$　　　$4=1\frac{2}{5}+2\frac{3}{5}$

$4=1\frac{3}{5}+2\frac{2}{5}$　　　$4=1\frac{4}{5}+2\frac{1}{5}$

4를 분모가 3인 두 대분수의 합으로 나타내시오. 단, 더하는 두 수의 순서가 바뀐 것은 같은 것으로 봅니다.

2 자연수와 대분수가 각각 1개씩 있습니다. 자연수에 대분수를 더하면 $6\frac{2}{3}$이고, 자연수에서 대분수를 빼면 $3\frac{1}{3}$입니다. 자연수와 대분수를 구하시오.

3 숫자 카드를 한 번씩 사용하여 계산 결과가 가장 큰 (자연수)－(대분수)의 뺄셈식을 만들고 결과를 구하시오.

2	3	4	5

7 대분수의 뺄셈

665 대분수의 뺄셈

◐ 그림에서 빼는 분수만큼 ×로 지우고 분수의 뺄셈을 하시오.

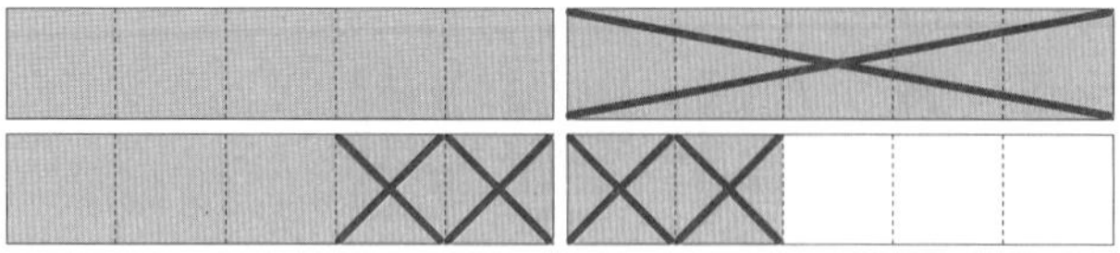

→ $3\frac{2}{5}-1\frac{4}{5}=\boxed{1\frac{3}{5}}$

❶

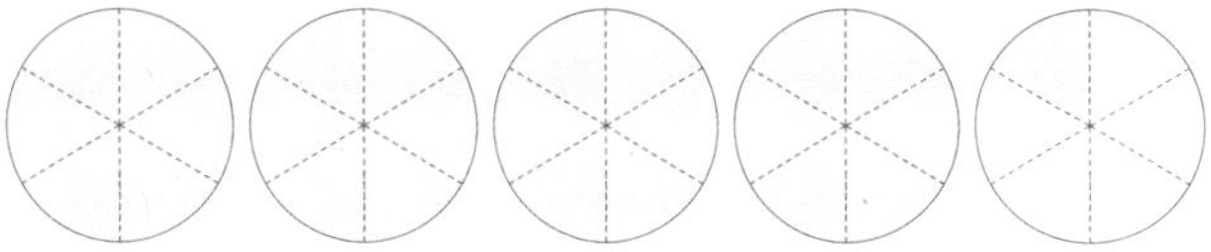

→ $4\frac{1}{6}-2\frac{2}{6}=\square$

❷

→ $5\frac{3}{8}-3\frac{5}{8}=\square$

❸

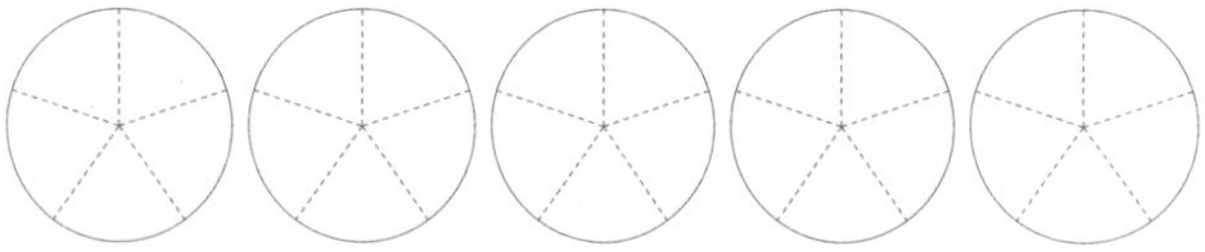

→ $4\frac{1}{5}-2\frac{2}{5}=\square$

❹

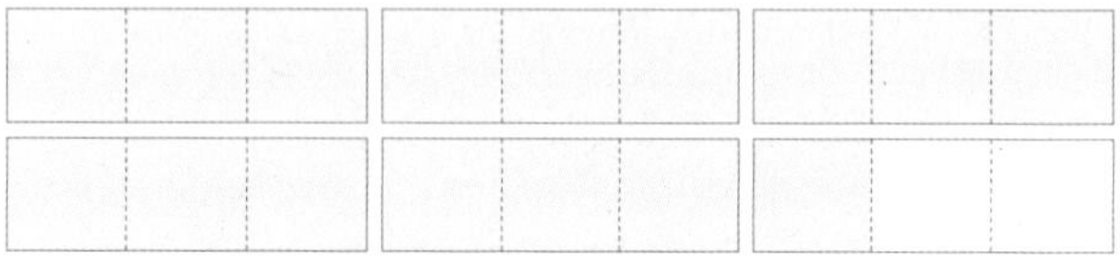

→ $5\frac{1}{3}-3\frac{2}{3}=\square$

◆ □ 안에 알맞은 수를 써넣으시오.

$$4\frac{3}{8}-2\frac{6}{8}=3\frac{\boxed{11}}{8}-2\frac{6}{8}$$
$$=(\boxed{3}-\boxed{2})+(\frac{\boxed{11}}{8}-\frac{\boxed{6}}{8})$$
$$=\boxed{1}+\frac{\boxed{5}}{8}=\boxed{1}\frac{\boxed{5}}{8}$$

❶ $$5\frac{2}{7}-3\frac{5}{7}=4\frac{\square}{7}-3\frac{5}{7}$$
$$=(\square-\square)+(\frac{\square}{7}-\frac{5}{7})$$
$$=\square+\frac{\square}{7}=\square\frac{\square}{7}$$

❷ $$6\frac{1}{3}-3\frac{2}{3}=5\frac{\square}{3}-3\frac{2}{3}$$
$$=(\square-\square)+(\frac{\square}{3}-\frac{\square}{3})$$
$$=\square+\frac{\square}{3}=\square\frac{\square}{3}$$

666 가분수로 고쳐 뺄셈하기

◐ □ 안에 알맞은 수를 써넣으시오.

$4\frac{1}{4}$은 $\frac{1}{4}$이 $\boxed{17}$개,

$1\frac{2}{4}$는 $\frac{1}{4}$이 $\boxed{6}$개이므로

$4\frac{1}{4}-1\frac{2}{4}$는

$\frac{1}{4}$이 $\boxed{11}$개입니다.

$$4\frac{1}{4}-1\frac{2}{4}=\frac{\boxed{11}}{4}=\boxed{2}\frac{\boxed{3}}{4}$$

❶

$5\frac{2}{6}$는 $\frac{1}{6}$이 □개,

$3\frac{3}{6}$은 $\frac{1}{6}$이 □개이므로

$5\frac{2}{6}-3\frac{3}{6}$은

$\frac{1}{6}$이 □개입니다.

$$5\frac{2}{6}-3\frac{3}{6}=\frac{\square}{6}=\square\frac{\square}{6}$$

❷

$7\frac{2}{5}$는 $\frac{1}{5}$이 □개,

$2\frac{2}{5}$는 $\frac{1}{5}$이 □개이므로

$7\frac{2}{5}-2\frac{2}{5}$는

$\frac{1}{5}$이 □개입니다.

$$7\frac{2}{5}-2\frac{2}{5}=\frac{\square}{5}=\square$$

❸

$6\frac{2}{10}$는 $\frac{1}{10}$이 □개,

$4\frac{5}{10}$는 $\frac{1}{10}$이 □개이므로

$6\frac{2}{10}-4\frac{5}{10}$는

$\frac{1}{10}$이 □개입니다.

$$6\frac{2}{10}-4\frac{5}{10}=\frac{\square}{10}=\square\frac{\square}{10}$$

⊕ 대분수를 가분수로 바꾸어 뺄셈을 하시오.

$3\frac{1}{4}-1\frac{2}{4}=\frac{\boxed{13}}{4}-\frac{\boxed{6}}{4}=\frac{\boxed{7}}{4}=\boxed{1}\frac{\boxed{3}}{4}$

❶ $5\frac{2}{7}-3\frac{5}{7}=\frac{\square}{7}-\frac{\square}{7}=\frac{\square}{7}=\square\frac{\square}{7}$

❷ $5\frac{6}{9}-3\frac{3}{9}=\frac{\square}{9}-\frac{\square}{9}=\frac{\square}{9}=\square\frac{\square}{9}$

❸ $3\frac{2}{5}-1\frac{3}{5}=\frac{\square}{5}-\frac{\square}{5}=\frac{\square}{5}=\square\frac{\square}{5}$

❹ $8\frac{2}{7}-1\frac{5}{7}=\frac{\square}{7}-\frac{\square}{7}=\frac{\square}{7}=\square\frac{\square}{7}$

❺ $6\frac{2}{10}-2\frac{7}{10}=\frac{\square}{10}-\frac{\square}{10}=\frac{\square}{10}=\square\frac{\square}{10}$

❻ $4\frac{3}{12}-2\frac{8}{12}=\frac{\square}{12}-\frac{\square}{12}=\frac{\square}{12}=\square\frac{\square}{12}$

667 뺄셈표

◐ 빈칸에 알맞은 수를 써넣으시오.

−	2	$\frac{4}{5}$	$2\frac{1}{5}$
5	3	$4\frac{1}{5}$	$2\frac{4}{5}$
$7\frac{3}{5}$	$5\frac{3}{5}$	$6\frac{4}{5}$	$5\frac{2}{5}$

❶

−	4	$\frac{2}{7}$	$2\frac{5}{7}$
6			
$9\frac{4}{7}$			

❷

−	3	$\frac{5}{6}$	$4\frac{3}{6}$
6			
$9\frac{4}{6}$			

❸

−	5	$\frac{3}{9}$	$4\frac{7}{9}$
8			
$7\frac{1}{9}$			

❹

−	5	$\frac{3}{9}$	$2\frac{7}{9}$
7			
$8\frac{5}{9}$			

❺

−	1	$\frac{5}{8}$	$1\frac{2}{8}$
3			
$4\frac{3}{8}$			

월 일

빈칸에 알맞은 수를 써넣으시오.

−	2	$\frac{5}{7}$	$1\frac{2}{7}$
3	1	$2\frac{2}{7}$	$1\frac{5}{7}$
$4\frac{4}{7}$	$2\frac{4}{7}$	$3\frac{6}{7}$	$3\frac{2}{7}$

❶

−	4		$2\frac{1}{10}$
			$2\frac{9}{10}$
$5\frac{3}{10}$		$4\frac{6}{10}$	

❷

−	4		$2\frac{5}{6}$
			$4\frac{1}{6}$
$6\frac{1}{6}$		$5\frac{3}{6}$	

❸

−	1		$3\frac{4}{7}$
			$\frac{3}{7}$
$5\frac{1}{7}$		$4\frac{5}{7}$	

❹

−	3		$1\frac{3}{8}$
			$4\frac{5}{8}$
$8\frac{5}{8}$		$8\frac{3}{8}$	

❺

−	2		$3\frac{2}{9}$
			$1\frac{7}{9}$
$3\frac{8}{9}$		$3\frac{5}{9}$	

668 대분수 카드 뺄셈

◐ ☐ 안의 수를 모두 한 번씩 사용하여 계산 결과에 맞게 (대분수)－(대분수)의 뺄셈식을 완성하시오.

2 8 5 6

$8\frac{6}{10}-2\frac{5}{10}=6\frac{1}{10}$

$6\frac{2}{10}-5\frac{8}{10}=\frac{4}{10}$

$8\frac{2}{10}-5\frac{6}{10}=2\frac{6}{10}$

❶ 6 7 3 9

$\square\frac{\square}{12}-\square\frac{\square}{12}=5\frac{11}{12}$

$\square\frac{\square}{12}-\square\frac{\square}{12}=\frac{6}{12}$

$\square\frac{\square}{12}-\square\frac{\square}{12}=3\frac{9}{12}$

❷ 2 3 6 9

$\square\frac{\square}{11}-\square\frac{\square}{11}=7\frac{3}{11}$

$\square\frac{\square}{11}-\square\frac{\square}{11}=\frac{8}{11}$

$\square\frac{\square}{11}-\square\frac{\square}{11}=3\frac{5}{11}$

❸ 3 6 4 8

$\square\frac{\square}{9}-\square\frac{\square}{9}=5\frac{2}{9}$

$\square\frac{\square}{9}-\square\frac{\square}{9}=\frac{7}{9}$

$\square\frac{\square}{9}-\square\frac{\square}{9}=3\frac{6}{9}$

◆ ▭ 안의 수를 모두 한 번씩 사용하여 다음 식의 계산 결과가 가장 크게 되도록 만들고, 결과를 구하시오.

2 7 4 6	$\boxed{7}\frac{\boxed{6}}{9}-\boxed{2}\frac{\boxed{4}}{9}=\boxed{5\frac{2}{9}}$

❶ 3 5 9 2 $\square\frac{\square}{10}-\square\frac{\square}{10}=\square$

❷ 1 3 5 7 $\square\frac{\square}{10}-\square\frac{\square}{10}=\square$

◆ ▭ 안의 수를 모두 한 번씩 사용하여 다음 식의 계산 결과가 가장 작게 되도록 만들고, 결과를 구하시오.

3 5 6 8	$\boxed{6}\frac{\boxed{3}}{9}-\boxed{5}\frac{\boxed{8}}{9}=\boxed{\frac{4}{9}}$

❸ 2 3 5 9 $\square\frac{\square}{10}-\square\frac{\square}{10}=\square$

❹ 4 5 1 8 $\square\frac{\square}{12}-\square\frac{\square}{12}=\square$

잘 공부했는지 알아봅시다

월 일

1 수직선의 빈칸에 알맞은 수를 쓰고 대분수의 뺄셈을 하시오.

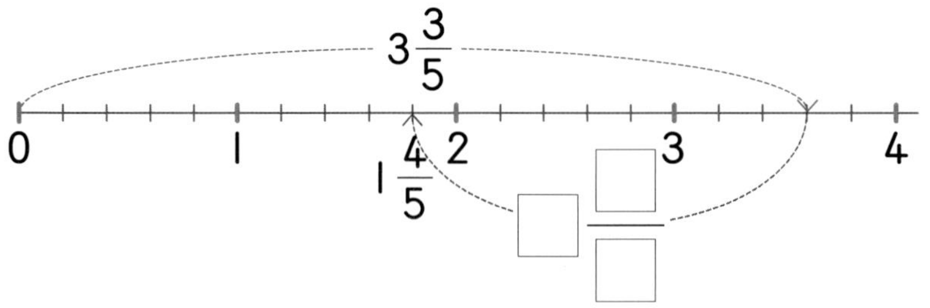

$$3\frac{3}{5}-\square=1\frac{4}{5}$$

2 빈칸에 알맞은 수를 써넣으시오.

❶

−	$\frac{5}{7}$	$1\frac{2}{7}$	$3\frac{4}{7}$
$7\frac{2}{7}$			

❷

−	$\frac{5}{9}$	$2\frac{3}{9}$	$1\frac{8}{9}$
$5\frac{5}{9}$			

3 숫자 카드를 모두 한 번씩 사용하여 다음 식의 계산 결과가 가장 크게 되도록 만들고 결과를 구하시오.

7 3 6 8

$$\square\frac{\square}{11}-\square\frac{\square}{11}=\square$$

8 대분수의 덧셈과 뺄셈

669 거꾸로 분수셈

◐ □ 안에 알맞은 수를 써넣으시오.

$7\frac{1}{5}$ $\xrightarrow{+2\frac{2}{5}}$ $9\frac{3}{5}$

❶ $3\frac{2}{7}$ $\xrightarrow{+1\frac{3}{7}}$ □ $\xrightarrow{+2\frac{5}{7}}$ □

❷ $8\frac{2}{3}$ $\xrightarrow{-1\frac{1}{3}}$ □

❸ $6\frac{3}{4}$ $\xrightarrow{-1\frac{1}{4}}$ □ $\xrightarrow{-2\frac{3}{4}}$ □

❹ $4\frac{3}{5}$ $\xrightarrow{+1\frac{4}{5}}$ □

❺ $7\frac{3}{6}$ $\xrightarrow{+1\frac{4}{6}}$ □ $\xrightarrow{-2\frac{5}{6}}$ □

❻ $6\frac{2}{7}$ $\xrightarrow{-2\frac{5}{7}}$ □

❼ $9\frac{3}{5}$ $\xrightarrow{-2\frac{4}{5}}$ □ $\xrightarrow{+3\frac{1}{5}}$ □

□ 안에 알맞은 수를 써넣으시오.

$1\frac{4}{5}$ —($+1\frac{3}{5}$)→ $3\frac{2}{5}$

❶ □ —($+1\frac{2}{7}$)→ □ —($+3\frac{5}{7}$)→ $8\frac{2}{7}$

❷ □ —($-1\frac{6}{7}$)→ $3\frac{2}{7}$

❸ □ —($+2\frac{1}{4}$)→ □ —($-1\frac{2}{4}$)→ $3\frac{3}{4}$

❹ □ —($+2\frac{3}{8}$)→ $5\frac{1}{8}$

❺ □ —($+1\frac{5}{10}$)→ □ —($-2\frac{7}{10}$)→ $5\frac{4}{10}$

❻ □ —($-3\frac{2}{9}$)→ $2\frac{5}{9}$

❼ □ —($-1\frac{2}{7}$)→ □ —($+3\frac{6}{7}$)→ $5\frac{2}{7}$

670 모양 분수

◐ 같은 모양에는 같은 수가 들어갑니다. 빈칸에 알맞은 수를 써넣으시오.

$\boxed{3\frac{2}{4}} + \bigcirc\!\!\!\!\!\!\!\!\ 2\frac{1}{4} = 5\frac{3}{4}$

$3\frac{2}{4} - 2\frac{1}{4} = 1\frac{1}{4}$

❶ $\square + \bigcirc = 5\frac{2}{5}$

$5\frac{1}{5} - \bigcirc = 1\frac{4}{5}$

❷ $\square + \bigcirc = 5\frac{3}{6}$

$\square - 1\frac{2}{6} = \frac{5}{6}$

❸ $\square + \bigcirc = 9\frac{1}{7}$

$\square - 2\frac{4}{7} = 2\frac{5}{7}$

❹ $\square + \bigcirc = 11\frac{2}{5}$

$6\frac{3}{5} - \bigcirc = 3\frac{4}{5}$

❺ $\square + \bigcirc = 9\frac{3}{5}$

$6\frac{2}{5} - \bigcirc = 4\frac{1}{5}$

⊕ 같은 모양에는 같은 수가 들어갑니다. 빈칸에 알맞은 수를 써넣으시오.

$\boxed{3\frac{1}{3}} + 2\frac{1}{3} = 5\frac{2}{3}$

$7\frac{1}{3} - \bigcirc\!\left(3\frac{2}{3}\right) = 3\frac{2}{3}$

$\boxed{3\frac{1}{3}} + \bigcirc\!\left(3\frac{2}{3}\right) = \Diamond(7)$

❶

$\square + 4\frac{1}{7} = 9\frac{5}{7}$

$8\frac{6}{7} - \bigcirc = 7\frac{2}{7}$

$\square + \bigcirc = \Diamond$

❷

$1\frac{3}{4} + \square = 5\frac{1}{4}$

$\bigcirc - 2\frac{1}{4} = 7\frac{2}{4}$

$\bigcirc - \square = \Diamond$

❸

$5\frac{3}{8} + \square = 9\frac{2}{8}$

$6\frac{7}{8} - \bigcirc = 3\frac{4}{8}$

$\square + \bigcirc = \Diamond$

671 숫자 카드 합차

◐ 숫자 카드로 만들 수 있는 대분수를 모두 쓰고, 분모가 같은 두 대분수의 합과 차를 구하시오.

2 3 4

대분수 : $2\frac{3}{4}$ $3\frac{2}{4}$ $4\frac{2}{3}$

합 : $2\frac{3}{4}+3\frac{2}{4}=6\frac{1}{4}$

차 : $3\frac{2}{4}-2\frac{3}{4}=\frac{3}{4}$

❶ 1 3 5

대분수 :

합 :

차 :

❷ 2 4 5

대분수 :

합 :

차 :

❸ 3 4 6

대분수 :

합 :

차 :

숫자 카드로 만들 수 있는 대분수 중에서 분모가 같은 대분수의 합과 차를 구하시오.

3	8	5

합 : $3\frac{5}{8}+5\frac{3}{8}=9$

차 : $5\frac{3}{8}-3\frac{5}{8}=1\frac{6}{8}$

❶

4	7	6

합 :

차 :

❷

9	2	5

합 :

차 :

❸

3	7	8

합 :

차 :

672 대분수 문장제

◐ 식을 쓰고 답을 분수로 나타내시오.

진우는 끈 5m를 사서 박스를 묶는데 $2\frac{3}{4}$m을 사용하였습니다. 진우가 쓰고 남은 끈의 길이는 몇 m입니까?

식 : $5-2\frac{3}{4}=2\frac{1}{4}$(m) 답 : $2\frac{1}{4}$ m

❶ 승환이네 가족은 쌀을 지난 주에 $6\frac{2}{5}$kg, 이번 주에 $5\frac{4}{5}$kg 먹었습니다. 2주 동안 먹은 쌀은 모두 몇 kg입니까?

식 : __________ 답 : _____ kg

❷ 종훈이의 몸무게는 $24\frac{1}{6}$kg이고, 동생의 몸무게는 $18\frac{2}{6}$kg입니다. 종훈이는 동생보다 몇 kg 더 무겁습니까?

식 : __________ 답 : _____ kg

❸ 지용이는 월요일에 $6\frac{5}{6}$시간, 화요일에 $7\frac{2}{6}$시간 동안 잤습니다. 지용이는 이틀 동안 몇 시간 잤습니까?

식 : __________ 답 : _____ 시간

식을 쓰고 답을 분수로 나타내시오.

전체 10km를 경주하는 삼종 경기가 있습니다. $5\frac{3}{8}$km는 자전거를 타고, $2\frac{2}{8}$km는 수영을 하고 나머지는 달리기를 합니다. 달리기를 하는 거리는 몇 km입니까?

식 : $10-5\frac{3}{8}-2\frac{2}{8}=2\frac{3}{8}$(km) 답 : $2\frac{3}{8}$ km

❶ 민주는 산책을 지난 주에 $2\frac{5}{6}$시간, 이번 주에는 지난 주보다 $1\frac{2}{6}$시간 더 했습니다. 민주가 2주 동안 산책한 시간은 몇 시간입니까?

식 : 답 : 시간

❷ 소영이와 친구들이 꽃길을 만들고 있습니다. 꽃길을 8m 만들어야 하는데 어제 $4\frac{2}{5}$m를 만들었고, 오늘은 $3\frac{2}{5}$m를 만들었습니다. 더 만들어야 할 꽃길은 몇 m입니까?

식 : 답 : m

❸ 길이가 $5\frac{5}{9}$cm인 색 테이프 두 장을 $1\frac{2}{9}$cm씩 겹쳐 이어붙였습니다. 이어 붙인 색 테이프의 전체 길이는 몇 cm입니까?

식 : 답 : cm

잘 공부했는지 알아봅시다

월 일

1 가장 큰 수와 가장 작은 수의 합과 차를 구하시오.

$2\frac{3}{11}$ $3\frac{7}{11}$ $5\frac{1}{11}$ $2\frac{6}{11}$

2 □ 안에 알맞은 수를 써넣으시오.

❶ $3\frac{4}{7}$ $\xrightarrow{+1\frac{6}{7}}$ □ $\xrightarrow{+2\frac{3}{7}}$ □

❷ □ $\xrightarrow{+2\frac{3}{5}}$ □ $\xrightarrow{+3\frac{4}{5}}$ $10\frac{2}{5}$

3 어떤 수에서 $1\frac{3}{7}$을 빼야 할 것을 잘못하여 더했더니 $5\frac{2}{7}$가 되었습니다. 바르게 계산하면 얼마입니까?

4 밀가루가 $6\frac{3}{5}$kg 있습니다. 빵 1개를 만드는데 $2\frac{4}{5}$kg의 밀가루가 사용된다면 만들 수 있는 빵은 모두 몇 개이고, 남은 밀가루는 몇 kg입니까?

MEMO

MEMO

사고셈

정답 및 해설
Guide Book

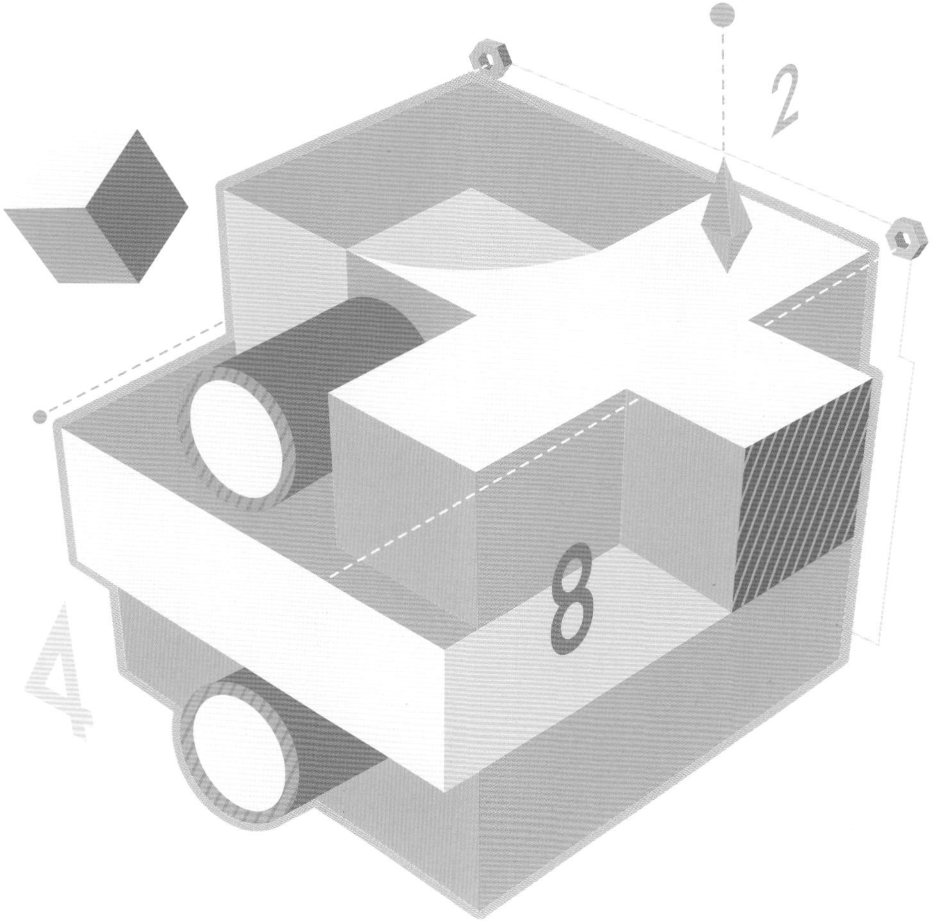

초등4 1호

분수의 덧셈과 뺄셈

NE 능률

641 진분수의 덧셈

◐ 알맞게 색칠하고, □ 안에 알맞은 수를 써넣으시오.

예시 답안과 색칠한 칸의 위치가 달라도 색칠한 칸의 개수가 같으면 정답입니다.

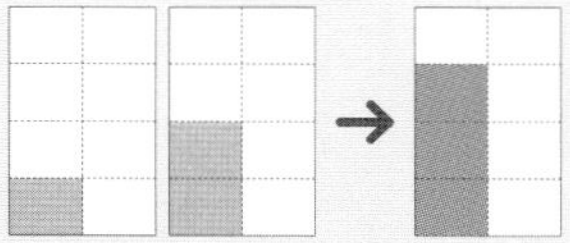

$\frac{1}{8}+\frac{2}{8}=\frac{3}{8}$

❶

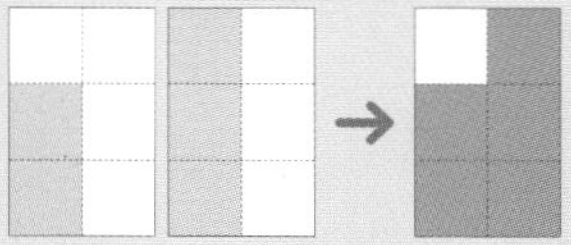

$\frac{2}{6}+\frac{3}{6}=\frac{5}{6}$

❷

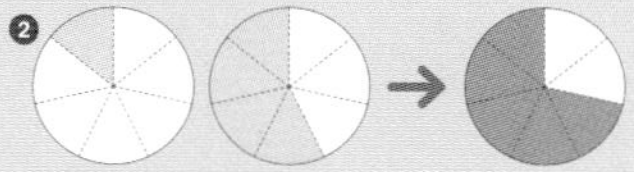

$\frac{1}{7}+\frac{4}{7}=\frac{5}{7}$

❸

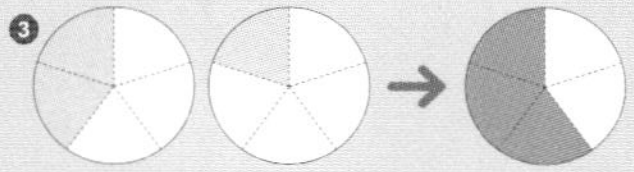

$\frac{2}{5}+\frac{1}{5}=\frac{3}{5}$

❹

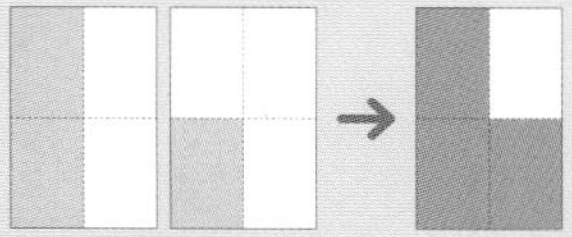

$\frac{2}{4}+\frac{1}{4}=\frac{3}{4}$

❺

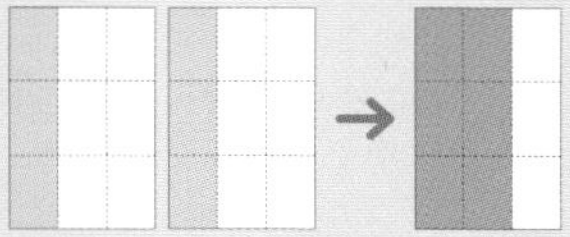

$\frac{3}{9}+\frac{3}{9}=\frac{6}{9}$

분모가 같은 진분수의 덧셈은 분모는 그대로 쓰고, 분자끼리 더합니다.

◈ □ 안에 알맞은 수를 써넣으시오.

$\frac{2}{7}$는 $\frac{1}{7}$이 2 개, $\frac{3}{7}$은 $\frac{1}{7}$이 3 개이므로 $\frac{2}{7}+\frac{3}{7}$은 $\frac{1}{7}$이 5 개입니다. → $\frac{2}{7}+\frac{3}{7}=\frac{5}{7}$

❶ $\frac{3}{8}$은 $\frac{1}{8}$이 3 개, $\frac{4}{8}$는 $\frac{1}{8}$이 4 개이므로 $\frac{3}{8}+\frac{4}{8}$는 $\frac{1}{8}$이 7 개입니다. → $\frac{3}{8}+\frac{4}{8}=\frac{7}{8}$

❷ $\frac{2}{9}$는 $\frac{1}{9}$이 2 개, $\frac{5}{9}$는 $\frac{1}{9}$이 5 개이므로 $\frac{2}{9}+\frac{5}{9}$는 $\frac{1}{9}$이 7 개입니다. → $\frac{2}{9}+\frac{5}{9}=\frac{7}{9}$

❸ $\frac{3}{12}$은 $\frac{1}{12}$이 3 개, $\frac{8}{12}$은 $\frac{1}{12}$이 8 개이므로 $\frac{3}{12}+\frac{8}{12}$은 $\frac{1}{12}$이 11 개입니다. → $\frac{3}{12}+\frac{8}{12}=\frac{11}{12}$

642 수직선의 덧셈

◐ □ 안에 알맞은 수를 써넣으시오.

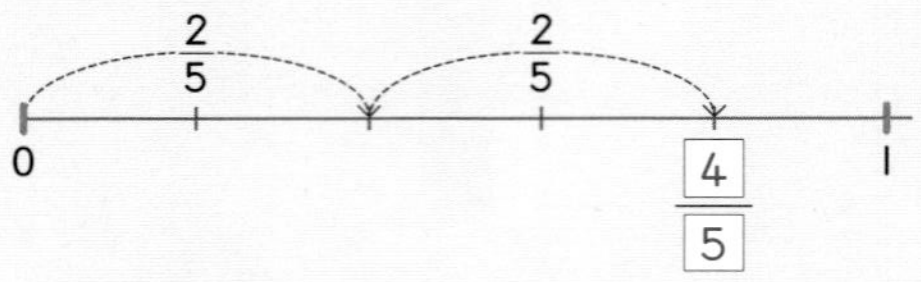

$\frac{2}{5}+\frac{2}{5}=\frac{\boxed{4}}{\boxed{5}}$

❶ 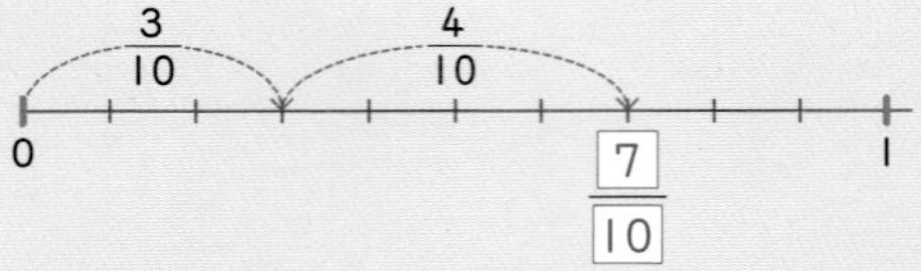

$\frac{3}{10}+\frac{4}{10}=\frac{\boxed{7}}{\boxed{10}}$

❷ 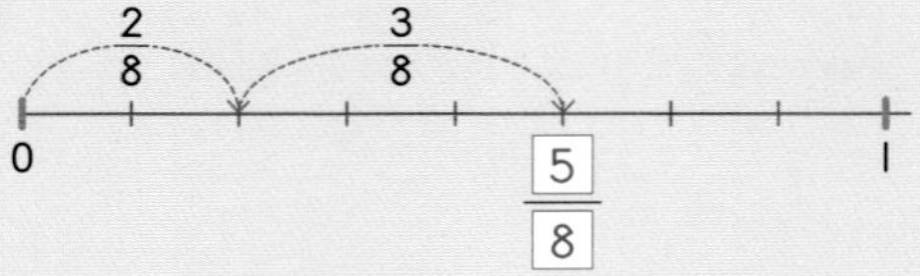

$\frac{2}{8}+\frac{3}{8}=\frac{\boxed{5}}{\boxed{8}}$

❸ 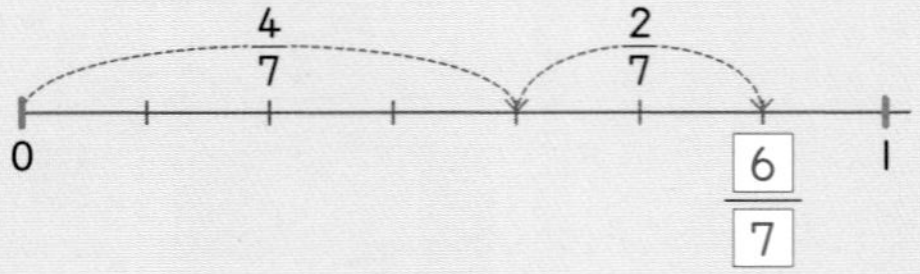

$\frac{4}{7}+\frac{2}{7}=\frac{\boxed{6}}{\boxed{7}}$

❹ 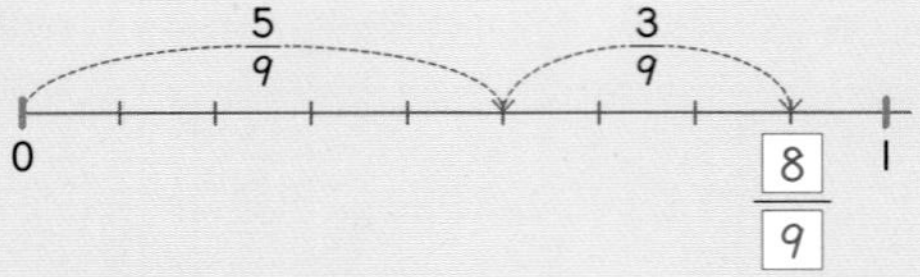

$\frac{5}{9}+\frac{3}{9}=\frac{\boxed{8}}{\boxed{9}}$

월 일

◐ □ 안에 알맞은 수를 써넣으시오.

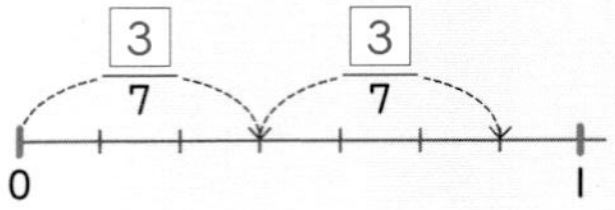

$\frac{3}{7}+\frac{3}{7}=\frac{\boxed{3}+\boxed{3}}{7}=\frac{\boxed{6}}{\boxed{7}}$

❶ 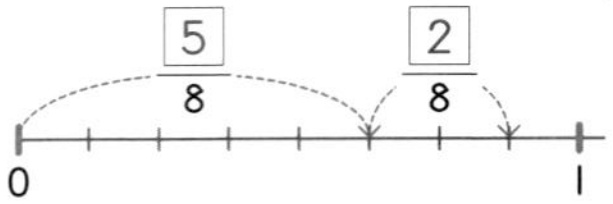

$\frac{5}{8}+\frac{2}{8}=\frac{\boxed{5}+\boxed{2}}{8}=\frac{\boxed{7}}{\boxed{8}}$

❷ 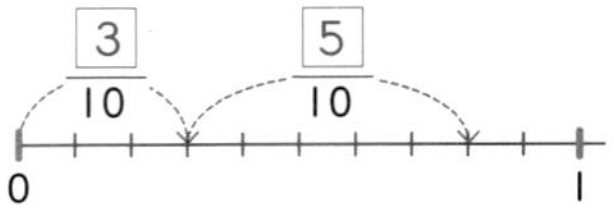

$\frac{3}{10}+\frac{5}{10}=\frac{\boxed{3}+\boxed{5}}{10}=\frac{\boxed{8}}{\boxed{10}}$

❸ 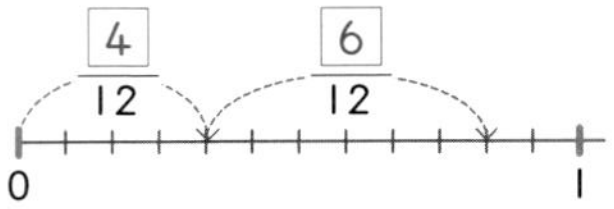

$\frac{4}{12}+\frac{6}{12}=\frac{\boxed{4}+\boxed{6}}{12}=\frac{\boxed{10}}{\boxed{12}}$

❹ 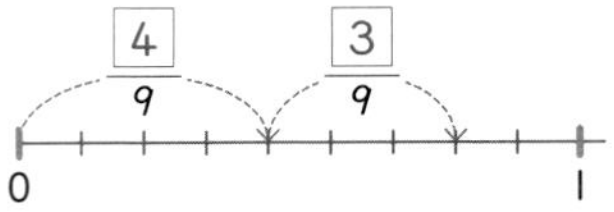

$\frac{4}{9}+\frac{3}{9}=\frac{\boxed{4}+\boxed{3}}{9}=\frac{\boxed{7}}{\boxed{9}}$

643 세 분수의 덧셈

◐ 그림을 보고 □ 안에 알맞은 수를 써넣으시오.

$\frac{3}{12}+\frac{2}{12}+\frac{6}{12}=\frac{\boxed{11}}{12}$

❶

$\frac{2}{10}+\frac{3}{10}+\frac{4}{10}=\frac{\boxed{9}}{10}$

❷

$\frac{4}{9}+\frac{1}{9}+\frac{2}{9}==\frac{\boxed{7}}{9}$

❸

$\frac{3}{11}+\frac{2}{11}+\frac{3}{11}=\frac{\boxed{8}}{11}$

❹

$\frac{3}{15}+\frac{2}{15}+\frac{5}{15}=\frac{\boxed{10}}{15}$

❺

$\frac{4}{13}+\frac{1}{13}+\frac{4}{13}=\frac{\boxed{9}}{13}$

❻

$\frac{1}{8}+\frac{4}{8}+\frac{2}{8}=\frac{\boxed{7}}{8}$

❼

$\frac{7}{14}+\frac{1}{14}+\frac{2}{14}=\frac{\boxed{10}}{14}$

월 일

◐ □ 안에 알맞은 수를 써넣으시오.

$\frac{2}{8}+\frac{3}{8}+\frac{4}{8}=\frac{\boxed{2}+\boxed{3}+\boxed{4}}{8}=\frac{\boxed{9}}{\boxed{8}}=\boxed{1}\frac{\boxed{1}}{\boxed{8}}$

❶ $\frac{4}{6}+\frac{3}{6}+\frac{4}{6}=\frac{\boxed{4}+\boxed{3}+\boxed{4}}{6}=\frac{\boxed{11}}{\boxed{6}}=\boxed{1}\frac{\boxed{5}}{\boxed{6}}$

❷ $\frac{7}{10}+\frac{3}{10}+\frac{9}{10}=\frac{\boxed{7}+\boxed{3}+\boxed{9}}{10}=\frac{\boxed{19}}{\boxed{10}}=\boxed{1}\frac{\boxed{9}}{\boxed{10}}$

❸ $\frac{8}{9}+\frac{7}{9}+\frac{1}{9}=\frac{\boxed{8}+\boxed{7}+\boxed{1}}{9}=\frac{\boxed{16}}{\boxed{9}}=\boxed{1}\frac{\boxed{7}}{\boxed{9}}$

❹ $\frac{4}{11}+\frac{5}{11}+\frac{9}{11}=\frac{\boxed{4}+\boxed{5}+\boxed{9}}{11}=\frac{\boxed{18}}{\boxed{11}}=\boxed{1}\frac{\boxed{7}}{\boxed{11}}$

❺ $\frac{3}{7}+\frac{4}{7}+\frac{5}{7}=\frac{\boxed{3}+\boxed{4}+\boxed{5}}{7}=\frac{\boxed{12}}{\boxed{7}}=\boxed{1}\frac{\boxed{5}}{\boxed{7}}$

644 수 카드 덧셈

월 일

◐ 수 카드 중에서 두 장을 사용하여 만들 수 있는 진분수를 모두 쓰고, 가장 작은 분수에 ○표 하시오.

(예시) 카드: 2, 7, 6
$\frac{2}{6}$, ($\frac{2}{7}$), $\frac{6}{7}$

❶ 카드: 8, 3, 7
$\frac{3}{7}$, ($\frac{3}{8}$), $\frac{7}{8}$

❷ 카드: 5, 1, 8
$\frac{1}{5}$, ($\frac{1}{8}$), $\frac{5}{8}$

❸ 카드: 6, 10, 4
$\frac{4}{6}$, ($\frac{4}{10}$), $\frac{6}{10}$

가장 작은 진분수를 만들려면 분모에는 가장 큰 수를, 분자에는 가장 작은 수를 써야 합니다.

◐ 수 카드 중에서 두 장을 사용하여 만들 수 있는 진분수를 모두 쓰고, 가장 큰 분수에 △표 하시오.

(예시) 카드: 10, 9, 3
$\frac{3}{9}$, $\frac{3}{10}$, △$\frac{9}{10}$

❹ 카드: 4, 9, 8
$\frac{4}{8}$, $\frac{4}{9}$, △$\frac{8}{9}$

❺ 카드: 7, 2, 8
$\frac{2}{7}$, $\frac{2}{8}$, △$\frac{7}{8}$

❻ 카드: 1, 10, 11
$\frac{1}{10}$, $\frac{1}{11}$, △$\frac{10}{11}$

◑ 수 카드 중에서 두 장을 사용하여 만들 수 있는 가장 큰 진분수와 가장 작은 진분수를 쓰고, 두 분수의 합을 대분수로 나타내시오.

(예시) 카드: 3, 5, 10, 12
가장 큰 분수 : $\frac{10}{12}$　가장 작은 분수 : $\frac{3}{12}$
분수의 합 : $\frac{10}{12}+\frac{3}{12}=\frac{13}{12}=1\frac{1}{12}$

❶ 카드: 9, 8, 4, 2
가장 큰 분수 : $\frac{8}{9}$　가장 작은 분수 : $\frac{2}{9}$
분수의 합 : $\frac{8}{9}+\frac{2}{9}=\frac{10}{9}=1\frac{1}{9}$

❷ 카드: 11, 8, 12, 4
가장 큰 분수 : $\frac{11}{12}$　가장 작은 분수 : $\frac{4}{12}$
분수의 합 : $\frac{11}{12}+\frac{4}{12}=\frac{15}{12}=1\frac{3}{12}$

❸ 카드: 9, 13, 14, 5
가장 큰 분수 : $\frac{13}{14}$　가장 작은 분수 : $\frac{5}{14}$
분수의 합 : $\frac{13}{14}+\frac{5}{14}=\frac{18}{14}=1\frac{4}{14}$

잘 공부했는지 알아봅시다

월 일

1 그림을 이용하여 $\frac{1}{8}+\frac{4}{8}$가 얼마인지 알아보시오.

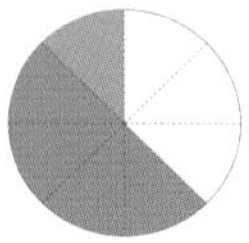

$\frac{1}{8}+\frac{4}{8}=\frac{\boxed{1}+\boxed{4}}{8}=\frac{\boxed{5}}{8}$

2 다음 덧셈의 계산 결과는 진분수입니다. □ 안에 들어갈 수 있는 자연수를 모두 구하시오. 1, 2, 3

$\frac{7}{11}+\frac{\square}{11}$

$\frac{7}{11}+\frac{\boxed{1}}{11}=\frac{8}{11}$

$\frac{7}{11}+\frac{\boxed{2}}{11}=\frac{9}{11}$

$\frac{7}{11}+\frac{\boxed{3}}{11}=\frac{10}{11}$

$\frac{7}{11}+\frac{4}{11}=\frac{11}{11}$ ←가분수

3 분모가 10인 진분수 중에서 $\frac{6}{10}$보다 큰 분수들의 합을 대분수로 나타내시오.

$2\frac{4}{10}$

$\frac{7}{10}+\frac{8}{10}+\frac{9}{10}=\frac{24}{10}=2\frac{4}{10}$

4 수 카드 중에서 두 장을 사용하여 만들 수 있는 가장 큰 진분수와 가장 작은 진분수의 합을 대분수로 나타내시오.

$1\frac{2}{12}$

4 5 7 10 12

가장 큰 진분수 : $\frac{10}{12}$ 가장 작은 진분수 : $\frac{4}{12}$

$\frac{10}{12}+\frac{4}{12}=\frac{14}{12}=1\frac{2}{12}$

645 진분수의 뺄셈

월 일

◐ 알맞게 색칠하고, □ 안에 알맞은 수를 써넣으시오.

예시 답안과 색칠한 칸의 위치가 달라도 색칠한 칸의 개수가 같으면 정답입니다.

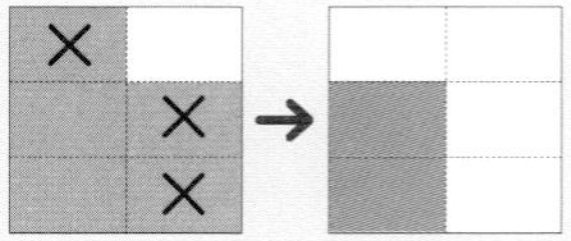

$\frac{5}{6}-\frac{3}{6}=\frac{2}{6}$

❶

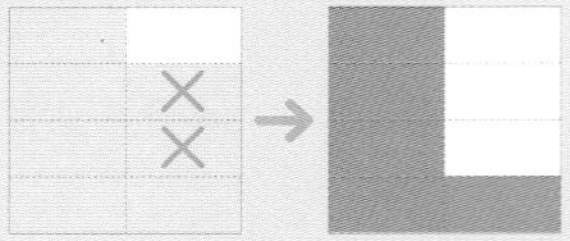

$\frac{7}{8}-\frac{2}{8}=\frac{5}{8}$

❷

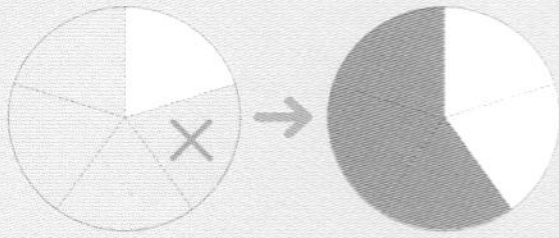

$\frac{4}{5}-\frac{1}{5}=\frac{3}{5}$

❸

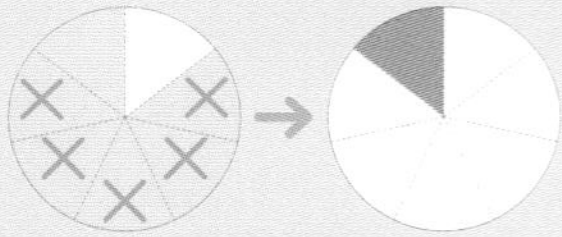

$\frac{6}{7}-\frac{5}{7}=\frac{1}{7}$

❹

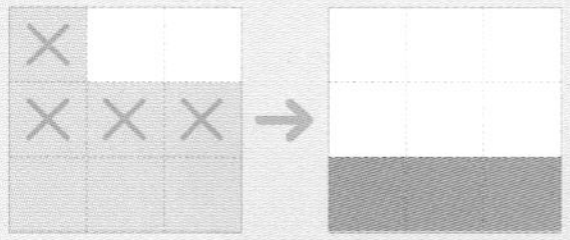

$\frac{7}{9}-\frac{4}{9}=\frac{3}{9}$

❺

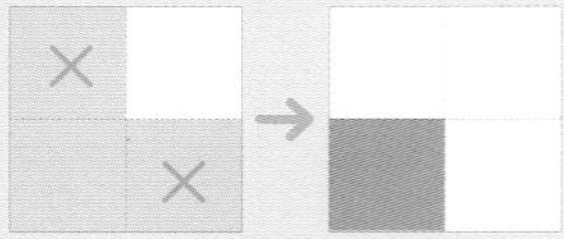

$\frac{3}{4}-\frac{2}{4}=\frac{1}{4}$

분모가 같은 진분수의 뺄셈은 분모는 그대로 쓰고, 분자끼리 뺍니다.

◈ □ 안에 알맞은 수를 써넣으시오.

$\frac{6}{8}$은 $\frac{1}{8}$이 6 개, $\frac{3}{8}$은 $\frac{1}{8}$이 3 개이므로 $\frac{6}{8}-\frac{3}{8}$은 $\frac{1}{8}$이 3 개입니다. → $\frac{6}{8}-\frac{3}{8}=\frac{3}{8}$

❶ $\frac{4}{6}$는 $\frac{1}{6}$이 4 개, $\frac{3}{6}$은 $\frac{1}{6}$이 3 개이므로 $\frac{4}{6}-\frac{3}{6}$은 $\frac{1}{6}$이 1 개입니다. → $\frac{4}{6}-\frac{3}{6}=\frac{1}{6}$

❷ $\frac{5}{7}$는 $\frac{1}{7}$이 5 개, $\frac{2}{7}$는 $\frac{1}{7}$이 2 개이므로 $\frac{5}{7}-\frac{2}{7}$는 $\frac{1}{7}$이 3 개입니다. → $\frac{5}{7}-\frac{2}{7}=\frac{3}{7}$

❸ $\frac{8}{9}$은 $\frac{1}{9}$이 8 개, $\frac{5}{9}$는 $\frac{1}{9}$이 5 개이므로 $\frac{8}{9}-\frac{5}{9}$는 $\frac{1}{9}$이 3 개입니다. → $\frac{8}{9}-\frac{5}{9}=\frac{3}{9}$

646 수직선 뺄셈

◐ □ 안에 알맞은 수를 써넣으시오.

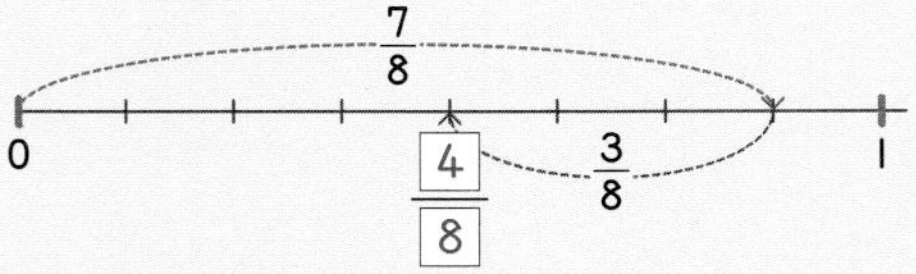

$\frac{7}{8}-\frac{3}{8}=\frac{4}{8}$

❶

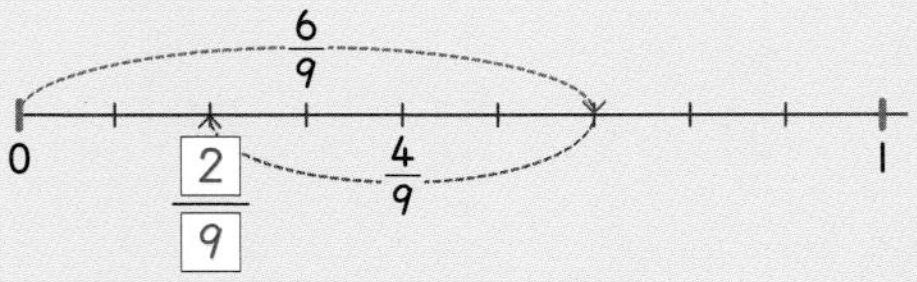

$\frac{6}{9}-\frac{4}{9}=\frac{2}{9}$

❷

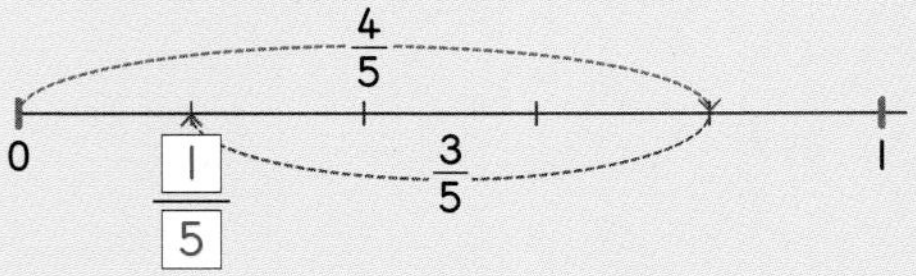

$\frac{4}{5}-\frac{3}{5}=\frac{1}{5}$

❸

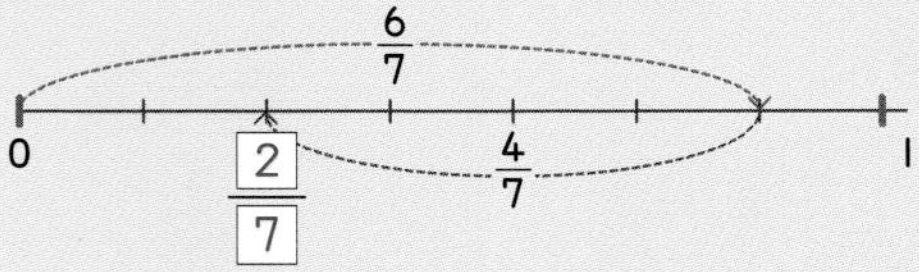

$\frac{6}{7}-\frac{4}{7}=\frac{2}{7}$

❹

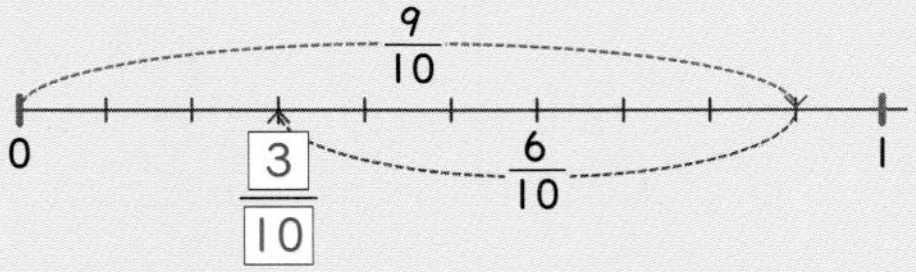

$\frac{9}{10}-\frac{6}{10}=\frac{3}{10}$

월 일

◐ □ 안에 알맞은 수를 써넣으시오.

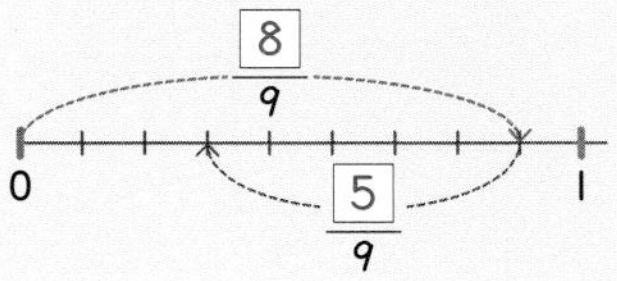

$\frac{8}{9}-\frac{5}{9}=\frac{8-5}{9}=\frac{3}{9}$

❶

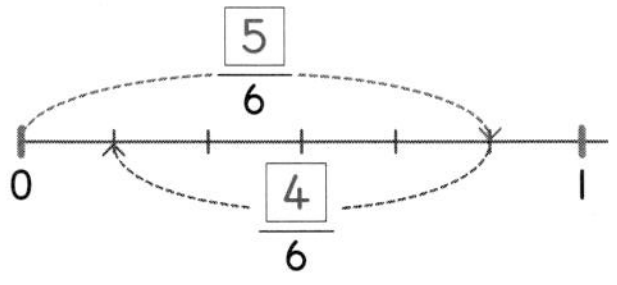

$\frac{5}{6}-\frac{4}{6}=\frac{5-4}{6}=\frac{1}{6}$

❷

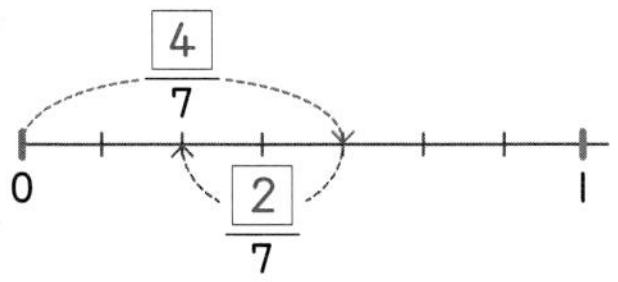

$\frac{4}{7}-\frac{2}{7}=\frac{4-2}{7}=\frac{2}{7}$

❸

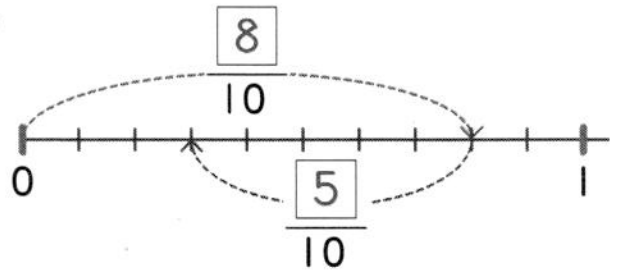

$\frac{8}{10}-\frac{5}{10}=\frac{8-5}{10}=\frac{3}{10}$

❹

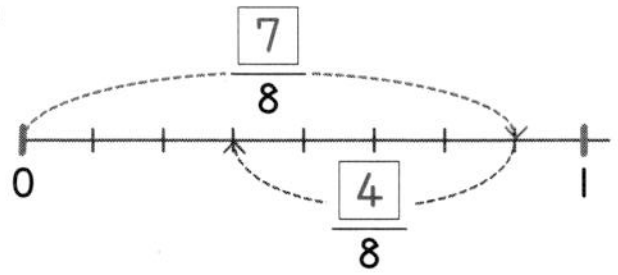

$\frac{7}{8}-\frac{4}{8}=\frac{7-4}{8}=\frac{3}{8}$

647 숫자 카드 뺄셈

월 일

◐ 수 카드 중에서 두 장을 사용하여 만들 수 있는 가장 큰 진분수와 가장 작은 진분수를 쓰고, 두 분수의 차를 구하시오.

(예시) 카드: 2, 8, 7

가장 큰 분수 : $\frac{7}{8}$ 가장 작은 분수 : $\frac{2}{8}$

분수의 차 : $\frac{7}{8}-\frac{2}{8}=\frac{5}{8}$

❶ 카드: 9, 7, 1

가장 큰 분수 : $\frac{7}{9}$ 가장 작은 분수 : $\frac{1}{9}$

분수의 차 : $\frac{7}{9}-\frac{1}{9}=\frac{6}{9}$

❷ 카드: 12, 3, 10

가장 큰 분수 : $\frac{10}{12}$ 가장 작은 분수 : $\frac{3}{12}$

분수의 차 : $\frac{10}{12}-\frac{3}{12}=\frac{7}{12}$

❸ 카드: 10, 2, 8

가장 큰 분수 : $\frac{8}{10}$ 가장 작은 분수 : $\frac{2}{10}$

분수의 차 : $\frac{8}{10}-\frac{2}{10}=\frac{6}{10}$

◐ 수 카드 중에서 두 장을 사용하여 만들 수 있는 가장 큰 진분수와 가장 작은 진분수의 차를 구하시오.

(예시) 카드: 11, 6, 2, 10

$\frac{10}{11}-\frac{2}{11}=\frac{8}{11}$

❶ 카드: 9, 8, 4, 1

$\frac{8}{9}-\frac{1}{9}=\frac{7}{9}$

❷ 카드: 11, 8, 12, 4

$\frac{11}{12}-\frac{4}{12}=\frac{7}{12}$

❸ 카드: 9, 13, 14, 5

$\frac{13}{14}-\frac{5}{14}=\frac{8}{14}$

❹ 카드: 13, 11, 6, 2

$\frac{11}{13}-\frac{2}{13}=\frac{9}{13}$

❺ 카드: 7, 15, 13, 3

$\frac{13}{15}-\frac{3}{15}=\frac{10}{15}$

◐ □ 안에 들어갈 수 있는 수에 모두 ○표 하시오.

$\frac{7}{12}-\frac{\square}{12}>\frac{3}{12}$

(2) (3) 4 5 6

$\frac{7}{12}-\frac{2}{12}>\frac{3}{12}$, $\frac{7}{12}-\frac{3}{12}>\frac{3}{12}$, $\frac{7}{12}-\frac{4}{12}=\frac{3}{12}$

❶ $\frac{10}{15}-\frac{\square}{15}<\frac{7}{15}$

1 2 3 (4) (5)

$\frac{10}{15}-\frac{3}{15}=\frac{7}{15}$, $\frac{10}{15}-\frac{4}{15}<\frac{7}{15}$, $\frac{10}{15}-\frac{5}{15}<\frac{7}{15}$

❷ $\frac{\square}{9}-\frac{1}{9}>\frac{5}{9}$

4 5 6 (7) (8)

❸ $\frac{\square}{11}-\frac{3}{11}<\frac{4}{11}$

(5) (6) 7 8 9

❹ $\frac{9}{10}-\frac{\square}{10}>\frac{6}{10}$

(1) (2) 3 4 5

❺ $\frac{11}{12}-\frac{\square}{12}<\frac{5}{12}$

4 5 6 (7) (8)

❻ $\frac{\square}{7}-\frac{2}{7}>\frac{2}{7}$

2 3 4 (5) (6)

❼ $\frac{\square}{8}-\frac{2}{8}>\frac{1}{8}$

1 2 3 (4) (5)

◐ □ 안에 들어갈 수 있는 가장 작은 자연수를 쓰시오.

$\frac{8}{10}-\frac{5}{10}<\frac{4}{10}$

❶ $\frac{6}{11}-\frac{2}{11}<\frac{5}{11}$

❷ $\frac{10}{15}-\frac{8}{15}<\frac{3}{15}$

❸ $\frac{9}{12}-\frac{4}{12}<\frac{6}{12}$

❹ $\frac{7}{8}-\frac{5}{8}<\frac{3}{8}$

❺ $\frac{4}{10}-\frac{3}{10}<\frac{2}{10}$

◐ □ 안에 들어갈 수 있는 가장 큰 자연수를 쓰시오.

$\frac{9}{13}-\frac{4}{13}>\frac{4}{13}$

❻ $\frac{11}{12}-\frac{3}{12}>\frac{7}{12}$

❼ $\frac{7}{8}-\frac{4}{8}>\frac{2}{8}$

❽ $\frac{9}{10}-\frac{2}{10}>\frac{6}{10}$

❾ $\frac{8}{9}-\frac{4}{9}>\frac{3}{9}$

❿ $\frac{14}{15}-\frac{9}{15}>\frac{4}{15}$

잘 공부했는지 알아봅시다

월　일

1 그림을 이용하여 $\frac{6}{7}-\frac{3}{7}$가 얼마인지 알아보시오.

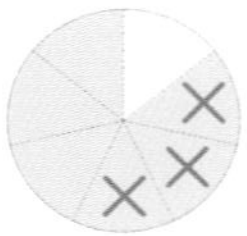

$$\frac{6}{7}-\frac{3}{7}=\frac{\boxed{6}-\boxed{3}}{7}=\frac{\boxed{3}}{7}$$

2 가장 큰 수와 가장 작은 수의 차를 구하시오. $\frac{5}{11}$

$\frac{7}{11}$　$\frac{5}{11}$　$\frac{9}{11}$　$\frac{10}{11}$

가장 큰 수 : $\frac{10}{11}$, 가장 작은 수 : $\frac{5}{11}$　$\frac{10}{11}-\frac{5}{11}=\frac{5}{11}$

3 숫자 카드 중에서 두 장을 뽑아 만들 수 있는 가장 큰 진분수와 가장 작은 진분수의 차를 구하시오. $\frac{7}{9}$

5　1　4　8　9

가장 큰 진분수 : $\frac{8}{9}$, 가장 작은 진분수 : $\frac{1}{9}$　$\frac{8}{9}-\frac{1}{9}=\frac{7}{9}$

4 □ 안에 들어갈 수 있는 자연수 중에서 가장 큰 수를 쓰시오. 2

$$\frac{9}{10}-\frac{\square}{10}>\frac{6}{10}$$

$\frac{9}{10}-\frac{\boxed{1}}{10}>\frac{6}{10}$

$\frac{9}{10}-\frac{\boxed{2}}{10}>\frac{6}{10}$

$\frac{9}{10}-\frac{\boxed{3}}{10}=\frac{6}{10}$

649 1에서 빼기

월 일

◐ 1에서 진분수를 뺍니다. □ 안에 알맞은 수를 써넣으시오.

1은 $\frac{1}{4}$이 [4]개, $\frac{3}{4}$은 $\frac{1}{4}$이 [3]개이므로 1$-\frac{3}{4}$은 $\frac{1}{4}$이 [1]개입니다. → $1-\frac{3}{4}=\frac{1}{4}$

❶ 1은 $\frac{1}{8}$이 [8]개, $\frac{5}{8}$는 $\frac{1}{8}$이 [5]개이므로 1$-\frac{5}{8}$는 $\frac{1}{8}$이 [3]개입니다. → $1-\frac{5}{8}=\frac{3}{8}$

❷ 1은 $\frac{1}{9}$이 [9]개, $\frac{7}{9}$은 $\frac{1}{9}$이 [7]개이므로 1$-\frac{7}{9}$은 $\frac{1}{9}$이 [2]개입니다. → $1-\frac{7}{9}=\frac{2}{9}$

❸ 1은 $\frac{1}{7}$이 [7]개, $\frac{2}{7}$는 $\frac{1}{7}$이 [2]개이므로 1$-\frac{2}{7}$는 $\frac{1}{7}$이 [5]개입니다. → $1-\frac{2}{7}=\frac{5}{7}$

자연수에서 진분수를 뺄 때에는 자연수 1을 진분수와 분모가 같은 가분수로 만들어 분수끼리 뺄셈을 합니다.

◑ 1에서 진분수를 뺍니다. □ 안에 알맞은 수를 써넣으시오.

$1-\frac{3}{7}=\frac{7}{7}-\frac{3}{7}=\frac{4}{7}$

❶ $1-\frac{5}{6}=\frac{6}{6}-\frac{5}{6}=\frac{1}{6}$

❷ $1-\frac{7}{10}=\frac{10}{10}-\frac{7}{10}=\frac{3}{10}$

❸ $1-\frac{2}{9}=\frac{9}{9}-\frac{2}{9}=\frac{7}{9}$

❹ $1-\frac{8}{12}=\frac{12}{12}-\frac{8}{12}=\frac{4}{12}$

❺ $1-\frac{5}{8}=\frac{8}{8}-\frac{5}{8}=\frac{3}{8}$

❻ $1-\frac{4}{5}=\frac{5}{5}-\frac{4}{5}=\frac{1}{5}$

❼ $1-\frac{7}{8}=\frac{8}{8}-\frac{7}{8}=\frac{1}{8}$

❽ $1-\frac{1}{7}=\frac{7}{7}-\frac{1}{7}=\frac{6}{7}$

❾ $1-\frac{5}{9}=\frac{9}{9}-\frac{5}{9}=\frac{4}{9}$

650 자연수에서 빼기

월 일

◐ 빼는 분수만큼 ×표 하고, □ 안에 알맞은 수를 써넣으시오.

$3-\frac{3}{4}=\boxed{2}\frac{\boxed{1}}{\boxed{4}}$

❶

$2-\frac{5}{6}=\boxed{1}\frac{\boxed{1}}{\boxed{6}}$

❷

$3-\frac{2}{5}=\boxed{2}\frac{\boxed{3}}{\boxed{5}}$

❸

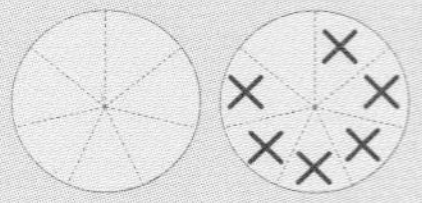

$2-\frac{6}{7}=\boxed{1}\frac{\boxed{1}}{\boxed{7}}$

❹

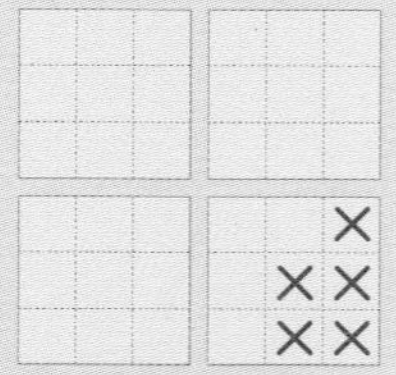

$4-\frac{5}{9}=\boxed{3}\frac{\boxed{4}}{\boxed{9}}$

❺

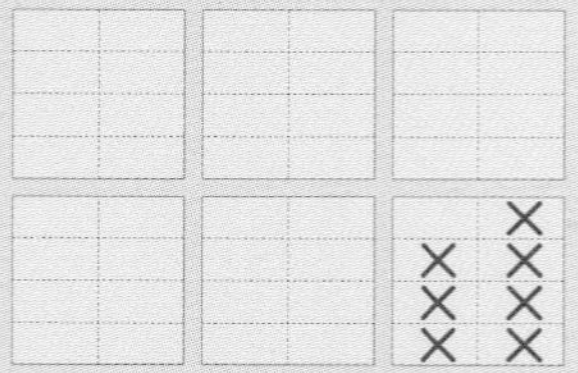

$6-\frac{7}{8}=\boxed{5}\frac{\boxed{1}}{\boxed{8}}$

자연수에서 진분수를 뺄 때에는 자연수에서 1만큼을 가분수로 만들어 분수끼리 뺄셈을 합니다. 계산 과정에서 자연수와 가분수로 이루어진 대분수 형태를 볼 수 있습니다. 그러나 계산 과정일 뿐이며 일반적인 형태의 대분수는 아님을 알려줍니다.

◑ 자연수에서 1만큼을 가분수로 바꾸어 뺄셈을 하시오.

$5-\frac{3}{4}=\boxed{4}\frac{\boxed{4}}{4}-\frac{3}{4}$
$=\boxed{4}\frac{\boxed{1}}{\boxed{4}}$

❶ $7-\frac{5}{6}=\boxed{6}\frac{\boxed{6}}{6}-\frac{5}{6}$
$=\boxed{6}\frac{\boxed{1}}{\boxed{6}}$

❷ $3-\frac{2}{7}=\boxed{2}\frac{\boxed{7}}{7}-\frac{2}{7}$
$=\boxed{2}\frac{\boxed{5}}{\boxed{7}}$

❸ $5-\frac{2}{5}=\boxed{4}\frac{\boxed{5}}{5}-\frac{2}{5}$
$=\boxed{4}\frac{\boxed{3}}{\boxed{5}}$

❹ $2-\frac{7}{8}=\boxed{1}\frac{\boxed{8}}{8}-\frac{7}{8}$
$=\boxed{1}\frac{\boxed{1}}{\boxed{8}}$

❺ $6-\frac{3}{10}=\boxed{5}\frac{\boxed{10}}{10}-\frac{3}{10}$
$=\boxed{5}\frac{\boxed{7}}{\boxed{10}}$

651 진분수 카드 뺄셈

◐ 숫자 카드를 한 번씩 사용하여 여러 가지 (자연수)－(진분수)의 뺄셈식을 만든 것입니다. □ 안에 알맞은 수를 써넣고 계산 결과가 가장 큰 것에 ○표 하시오.

(예) 카드: 6, 3, 4

$6-\frac{3}{4}=5\frac{1}{4}$ (○)

$3-\frac{4}{6}=2\frac{2}{6}$

$4-\frac{3}{6}=3\frac{3}{6}$

❶ 카드: 4, 7, 5

$4-\frac{5}{7}=3\frac{2}{7}$

$7-\frac{4}{5}=6\frac{1}{5}$ (○)

$5-\frac{4}{7}=4\frac{3}{7}$

❷ 카드: 3, 5, 2

$3-\frac{2}{5}=2\frac{3}{5}$

$5-\frac{2}{3}=4\frac{1}{3}$ (○)

$2-\frac{3}{5}=1\frac{2}{5}$

❸ 카드: 2, 7, 6

$2-\frac{6}{7}=1\frac{1}{7}$

$7-\frac{2}{6}=6\frac{4}{6}$ (○)

$6-\frac{2}{7}=5\frac{5}{7}$

◑ 숫자 카드를 한 번씩 사용하여 계산 결과가 가장 큰 (자연수)－(진분수)의 뺄셈식을 만들고 결과를 구하시오.

(예) 카드: 5, 4, 8

$8-\frac{4}{5}=7\frac{1}{5}$

❶ 카드: 9, 3, 7

$9-\frac{3}{7}=8\frac{4}{7}$

❷ 카드: 1, 5, 6

$6-\frac{1}{5}=5\frac{4}{5}$

❸ 카드: 5, 3, 2

$5-\frac{2}{3}=4\frac{1}{3}$

❹ 카드: 7, 1, 8

$8-\frac{1}{7}=7\frac{6}{7}$

❺ 카드: 8, 3, 4

$8-\frac{3}{4}=7\frac{1}{4}$

652 자연수 사이의 분수

월 일

◐ □ 안에 들어갈 수 있는 수를 모두 구하시오.

$1 < \frac{3}{6} + \frac{\square}{6} < 2$ 4 5 6 7 8

$\frac{6}{6} < \frac{3+\square}{6} < \frac{12}{6}$ $6 < 3+\square < 12$ $\square = 4, 5, 6, 7, 8$

❶ $2 < \frac{4}{7} + \frac{\square}{7} < 3$ 11 12 13 14 15 16

$\frac{14}{7} < \frac{4+\square}{7} < \frac{21}{7}$ $14 < 4+\square < 21$ $\square = 11, 12, 13, 14, 15, 16$

❷ $3 < \frac{2}{5} + \frac{\square}{5} < 4$ 14 15 16 17

❸ $2 < \frac{\square}{7} - \frac{5}{7} < 3$ 20 21 22 23 24 25

❹ $1 < \frac{\square}{6} - \frac{1}{6} < 2$ 8 9 10 11 12

❺ $3 < \frac{\square}{5} - \frac{2}{5} < 4$ 18 19 20 21

자연수 사이에 있는 분수를 구할 때에는 자연수를 분수와 분모가 같은 가분수로 나타낸 다음, 분자의 크기를 비교하여 구합니다.

◐ □ 안에 들어갈 수 있는 수 중에서 가장 큰 수와 가장 작은 수를 구하시오.

$1 < \frac{5}{8} + \frac{\square}{8} < 2$

가장 큰 수 : 10

가장 작은 수 : 4

$\frac{8}{8} < \frac{5+\square}{8} < \frac{16}{8}$ $8 < 5+\square < 16$
$\square = 4, 5, 6, 7, 8, 9, 10$

❶ $1 < \frac{\square}{9} - \frac{3}{9} < 2$

가장 큰 수 : 20

가장 작은 수 : 13

$\frac{9}{9} < \frac{\square-3}{9} < \frac{18}{9}$ $9 < \square-3 < 18$
$\square = 13, 14, 15, 16, 17, 18, 19, 20$

❷ $2 < \frac{3}{4} + \frac{\square}{4} < 3$

가장 큰 수 : 8

가장 작은 수 : 6

❸ $2 < \frac{\square}{5} - \frac{2}{5} < 3$

가장 큰 수 : 16

가장 작은 수 : 13

❹ $3 < \frac{\square}{6} + \frac{5}{6} < 4$

가장 큰 수 : 18

가장 작은 수 : 14

❺ $1 < \frac{12}{5} - \frac{\square}{5} < 2$

가장 큰 수 : 6

가장 작은 수 : 3

잘 공부했는지 알아봅시다

월 일

1 그림을 이용하여 $4-\frac{3}{5}$은 얼마인지 알아보시오.

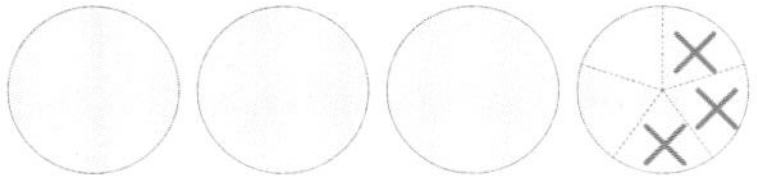

$$4-\frac{3}{5}=\boxed{3}\,\frac{\boxed{5}}{5}-\frac{3}{5}=\boxed{3}\,\frac{\boxed{2}}{\boxed{5}}$$

자연수에서 진분수를 뺄 때에는 자연수에서 1 만큼을 가분수로 만들어 분수끼리 뺄셈을 합니다.

2 어떤 자연수에서 $\frac{7}{10}$을 뺐더니 $1\frac{3}{10}$이 되었습니다. 어떤 자연수를 구하시오. 2

$\square-\frac{7}{10}=1\frac{3}{10}$ $\square=1\frac{3}{10}+\frac{7}{10}=2$

3 숫자 카드를 한 번씩 사용하여 계산 결과가 가장 큰 (자연수) − (진분수)의 뺄셈 식을 만들고 결과를 구하시오. $4-\frac{2}{3}=3\frac{1}{3}$

4 □ 안에 들어갈 수 있는 수를 모두 구하시오. 6, 7, 8, 9, 10, 11, 12

$$2<\frac{3}{4}+\frac{\square}{4}<4$$

$\frac{8}{4}<\frac{3+\square}{4}<\frac{16}{4}$ $8<3+\square<16$ $\square=6, 7, 8, 9, 10, 11, 12$

653 두 분수의 합과 차

월 일

◐ 두 분수의 합과 차를 구하는 식을 쓰고, 진분수나 대분수로 결과를 나타내시오.

분모가 같은 분수의 합과 차를 보고 두 분수를 구할 때에는 분모는 변하지 않으므로, 분자의 합과 차를 이용하여 구합니다.

(예) $\frac{9}{10}$ $\frac{2}{10}$

합 : $\frac{9}{10}+\frac{2}{10}=\frac{11}{10}=1\frac{1}{10}$

차 : $\frac{9}{10}-\frac{2}{10}=\frac{7}{10}$

❶ $\frac{7}{8}$ $\frac{3}{8}$

합 : $\frac{7}{8}+\frac{3}{8}=\frac{10}{8}=1\frac{2}{8}$

차 : $\frac{7}{8}-\frac{3}{8}=\frac{4}{8}$

❷ $\frac{7}{11}$ $\frac{1}{11}$

합 : $\frac{7}{11}+\frac{1}{11}=\frac{8}{11}$

차 : $\frac{7}{11}-\frac{1}{11}=\frac{6}{11}$

❸ $\frac{6}{9}$ $\frac{2}{9}$

합 : $\frac{6}{9}+\frac{2}{9}=\frac{8}{9}$

차 : $\frac{6}{9}-\frac{2}{9}=\frac{4}{9}$

❹ $\frac{6}{7}$ $\frac{2}{7}$

합 : $\frac{6}{7}+\frac{2}{7}=\frac{8}{7}=1\frac{1}{7}$

차 : $\frac{6}{7}-\frac{2}{7}=\frac{4}{7}$

❺ $\frac{9}{12}$ $\frac{6}{12}$

합 : $\frac{9}{12}+\frac{6}{12}=\frac{15}{12}=1\frac{3}{12}$

차 : $\frac{9}{12}-\frac{6}{12}=\frac{3}{12}$

◐ 두 분수를 구하고 합과 차에 맞는 덧셈식과 뺄셈식을 쓰시오.

합은 7이고 차는 3인 두 자연수를 각각 분자로 하는 분모가 8인 진분수를 구합니다.

분모가 8인 진분수입니다. 합이 $\frac{7}{8}$이고 차가 $\frac{3}{8}$입니다.

$\frac{5}{8}$ $\frac{2}{8}$ $\frac{5}{8}+\frac{2}{8}=\frac{7}{8}$, $\frac{5}{8}-\frac{2}{8}=\frac{3}{8}$

❶ 분모가 9인 진분수입니다. 합이 $\frac{8}{9}$이고 차가 $\frac{2}{9}$입니다.

$\frac{5}{9}$ $\frac{3}{9}$ $\frac{5}{9}+\frac{3}{9}=\frac{8}{9}$, $\frac{5}{9}-\frac{3}{9}=\frac{2}{9}$

❷ 분모가 6인 진분수입니다. 합이 $1\frac{3}{6}$이고 차가 $\frac{1}{6}$입니다.

$\frac{5}{6}$ $\frac{4}{6}$ $\frac{5}{6}+\frac{4}{6}=1\frac{3}{6}$, $\frac{5}{6}-\frac{4}{6}=\frac{1}{6}$

❸ 분모가 10인 진분수입니다. 합이 $1\frac{3}{10}$이고 차가 $\frac{5}{10}$입니다.

$\frac{9}{10}$ $\frac{4}{10}$ $\frac{9}{10}+\frac{4}{10}=1\frac{3}{10}$, $\frac{9}{10}-\frac{4}{10}=\frac{5}{10}$

654 세 분수의 덧셈과 뺄셈

◐ □ 안에 알맞은 수를 써넣으시오.

$\frac{3}{10}+\frac{7}{10}-\frac{5}{10}=\frac{\boxed{3}+\boxed{7}-\boxed{5}}{10}=\frac{\boxed{5}}{10}$

❶ $\frac{7}{11}-\frac{3}{11}+\frac{6}{11}=\frac{\boxed{7}-\boxed{3}+\boxed{6}}{11}=\frac{\boxed{10}}{11}$

❷ $\frac{2}{9}+\frac{4}{9}+\frac{1}{9}=\frac{\boxed{2}+\boxed{4}+\boxed{1}}{9}=\frac{\boxed{7}}{9}$

❸ $\frac{11}{12}-\frac{4}{12}-\frac{3}{12}=\frac{\boxed{11}-\boxed{4}-\boxed{3}}{12}=\frac{\boxed{4}}{12}$

❹ $\frac{9}{15}-\frac{1}{15}+\frac{3}{15}=\frac{\boxed{9}-\boxed{1}+\boxed{3}}{15}=\frac{\boxed{11}}{15}$

❺ $\frac{7}{13}+\frac{6}{13}-\frac{2}{13}=\frac{\boxed{7}+\boxed{6}-\boxed{2}}{13}=\frac{\boxed{11}}{13}$

❻ $\frac{9}{10}-\frac{2}{10}-\frac{5}{10}=\frac{\boxed{9}-\boxed{2}-\boxed{5}}{10}=\frac{\boxed{2}}{10}$

◑ □ 안에 알맞은 수를 써넣으시오.

$\frac{7}{11}-\frac{4}{11}+\frac{\boxed{6}}{11}=\frac{9}{11}$

❶ $\frac{9}{13}+\frac{6}{13}-\frac{\boxed{4}}{13}=\frac{11}{13}$

❷ $\frac{\boxed{8}}{9}-\frac{2}{9}-\frac{3}{9}=\frac{3}{9}$

❸ $\frac{3}{10}+\frac{\boxed{3}}{10}+\frac{1}{10}=\frac{7}{10}$

❹ $\frac{4}{15}+\frac{\boxed{13}}{15}-\frac{7}{15}=\frac{10}{15}$

❺ $\frac{\boxed{7}}{8}-\frac{3}{8}+\frac{1}{8}=\frac{5}{8}$

❻ $\frac{11}{12}-\frac{7}{12}-\frac{\boxed{3}}{12}=\frac{1}{12}$

❼ $\frac{6}{13}+\frac{2}{13}+\frac{\boxed{2}}{13}=\frac{10}{13}$

❽ $\frac{\boxed{5}}{18}-\frac{3}{18}+\frac{9}{18}=\frac{11}{18}$

❾ $\frac{4}{9}+\frac{\boxed{6}}{9}-\frac{3}{9}=\frac{7}{9}$

❿ $\frac{3}{15}+\frac{\boxed{9}}{15}+\frac{2}{15}=\frac{14}{15}$

⓫ $\frac{\boxed{13}}{16}-\frac{2}{16}-\frac{10}{16}=\frac{1}{16}$

655 진분수 문장제

◐ 식을 쓰고 답을 진분수 또는 대분수로 나타내시오.

끈 3m를 사서 선물을 포장하는데 $\frac{3}{7}$m를 사용하였습니다. 남은 끈의 길이는 몇 m입니까?

식 : $3-\frac{3}{7}=2\frac{4}{7}$(m)　　답 : $2\frac{4}{7}$ m

❶ 파란색 페인트 $\frac{2}{7}$L와 흰색 페인트 $\frac{3}{7}$L를 섞어서 하늘색 페인트를 만들었습니다. 만들어진 하늘색 페인트는 모두 몇 L입니까?

식 : $\frac{2}{7}+\frac{3}{7}=\frac{5}{7}$(L)　　답 : $\frac{5}{7}$ L

❷ 승호는 어제 $\frac{5}{6}$시간 동안 운동을 했고, 오늘은 $\frac{3}{6}$시간 동안 운동을 했습니다. 승호는 어제 오늘보다 몇 시간 더 운동을 했습니까?

식 : $\frac{5}{6}-\frac{3}{6}=\frac{2}{6}$(시간)　　답 : $\frac{2}{6}$ 시간

❸ 소희는 색종이를 5장 가지고 있었습니다. 카네이션을 만드는데 $\frac{3}{4}$장을 사용하였다면 쓰고 남은 색종이는 몇 장입니까?

식 : $5-\frac{3}{4}=4\frac{1}{4}$(장)　　답 : $4\frac{1}{4}$ 장

월 일

◑ 식을 쓰고 답을 진분수 또는 대분수로 나타내시오.

연주는 책을 어제까지 전체의 $\frac{2}{8}$만큼 읽고, 오늘은 전체의 $\frac{3}{8}$만큼 읽었습니다. 전체의 얼마만큼을 더 읽어야 책을 모두 읽게 됩니까?

식 : $1-\frac{2}{8}-\frac{3}{8}=\frac{3}{8}$　　답 : $\frac{3}{8}$

❶ 정호는 그제 $\frac{2}{12}$시간, 어제 $\frac{3}{12}$시간, 오늘은 $\frac{4}{12}$시간 동안 산책을 하였습니다. 정호는 3일 동안 산책을 몇 시간 하였습니까?

식 : $\frac{2}{12}+\frac{3}{12}+\frac{4}{12}=\frac{9}{12}$(시간)　　답 : $\frac{9}{12}$ 시간

❷ 민주네 가족은 지난 주 콩을 $\frac{3}{10}$kg 먹었고, 이번 주에는 지난 주보다 $\frac{1}{10}$kg 더 먹었습니다. 지난 주와 이번 주에 먹은 콩은 모두 몇 kg입니까?

식 : $\frac{3}{10}+\frac{3}{10}+\frac{1}{10}=\frac{7}{10}$(kg)　　답 : $\frac{7}{10}$ kg

❸ 길이가 5cm인 테이프 2개를 $\frac{1}{3}$cm 겹쳐 이어 붙였습니다. 이어 붙인 테이프의 전체 길이는 몇 cm입니까?

식 : $5+5-\frac{1}{3}=9\frac{2}{3}$(cm)　　답 : $9\frac{2}{3}$ cm

656 바르게 계산하기

◐ 어떤 수를 구하는 식과 답을 쓰시오.

어떤 수에 $\frac{3}{7}$을 더했더니 $\frac{5}{7}$가 되었습니다.

식 : $\square+\frac{3}{7}=\frac{5}{7}$ 어떤 수 : $\frac{2}{7}$

❶ 어떤 수에서 $\frac{3}{10}$을 빼었더니 $\frac{4}{10}$가 되었습니다.

식 : $\square-\frac{3}{10}=\frac{4}{10}$ 어떤 수 : $\frac{7}{10}$

❷ $\frac{7}{11}$에서 어떤 수를 빼었더니 $\frac{4}{11}$가 되었습니다.

식 : $\frac{7}{11}-\square=\frac{4}{11}$ 어떤 수 : $\frac{3}{11}$

❸ $\frac{3}{8}$에 어떤 수를 더했더니 $\frac{6}{8}$이 되었습니다.

식 : $\frac{3}{8}+\square=\frac{6}{8}$ 어떤 수 : $\frac{3}{8}$

❹ 어떤 수와 $\frac{3}{9}$의 합은 $\frac{7}{9}$입니다.

식 : $\square+\frac{3}{9}=\frac{7}{9}$ 어떤 수 : $\frac{4}{9}$

◑ 어떤 수를 구하고, 물음에 답하시오.

어떤 수에서 $\frac{2}{7}$를 빼야할 것을 잘못하여 더했더니 $\frac{6}{7}$이 되었습니다. 바르게 계산하면 얼마입니까?

어떤 수 : $\square+\frac{2}{7}=\frac{6}{7}$, $\square=\frac{4}{7}$

바른 계산 : $\frac{4}{7}-\frac{2}{7}=\frac{2}{7}$

❶ 어떤 수에 $\frac{3}{11}$을 더해야 할 것을 잘못하여 뺐더니 $\frac{4}{11}$가 되었습니다. 바르게 계산하면 얼마입니까?

어떤 수 : $\square-\frac{3}{11}=\frac{4}{11}$, $\square=\frac{7}{11}$

바른 계산 : $\frac{7}{11}+\frac{3}{11}=\frac{10}{11}$

❷ 어떤 수에 $\frac{3}{8}$을 더해야 할 것을 잘못하여 $\frac{5}{8}$를 더하였더니 $\frac{7}{8}$이 되었습니다. 바르게 계산하면 얼마입니까?

어떤 수 : $\square+\frac{5}{8}=\frac{7}{8}$, $\square=\frac{2}{8}$

바른 계산 : $\frac{2}{8}+\frac{3}{8}=\frac{5}{8}$

❸ 어떤 수에서 $\frac{3}{10}$을 빼야 할 것을 잘못하여 $\frac{2}{10}$를 뺐더니 $\frac{5}{10}$가 되었습니다. 바르게 계산하면 얼마입니까?

어떤 수 : $\square-\frac{2}{10}=\frac{5}{10}$, $\square=\frac{7}{10}$

바른 계산 : $\frac{7}{10}-\frac{3}{10}=\frac{4}{10}$

잘 공부했는지 알아봅시다

월 일

1 분모가 9인 진분수가 두 개 있습니다. 합이 1이고 차가 $\frac{3}{9}$인 두 진분수를 구하시오. $\frac{6}{9}$, $\frac{3}{9}$

㉮ $=\frac{▲}{9}$, ㉯ $=\frac{♠}{9}$

㉮+㉯ $=\frac{▲}{9}+\frac{♠}{9}=\frac{▲+♠}{9}$ ㉮−㉯ $=\frac{▲}{9}-\frac{♠}{9}=\frac{▲-♠}{9}$

▲+♠=9, ▲−♠=3 → ▲=6, ♠=3

㉮ $=\frac{6}{9}$, ㉯ $=\frac{3}{9}$

2 종호와 진우는 함께 조각 퍼즐을 맞추고 있습니다. 종호는 전체의 $\frac{3}{8}$을, 진우는 전체의 $\frac{2}{8}$를 맞추었습니다. 종호와 진우가 맞춘 조각 퍼즐은 전체의 얼마입니까?

$\frac{5}{8}$

$\frac{3}{8}+\frac{2}{8}=\frac{5}{8}$

3 어떤 수에서 $\frac{3}{10}$을 빼야할 것을 잘못하여 더하였더니 $\frac{7}{10}$이 되었습니다. 바르게 계산하면 얼마입니까? $\frac{1}{10}$

$\square+\frac{3}{10}=\frac{7}{10}$ $\square=\frac{4}{10}$ $\frac{4}{10}-\frac{3}{10}=\frac{1}{10}$

4 집에서 학교까지의 거리는 몇 km입니까? $4\frac{2}{5}$km

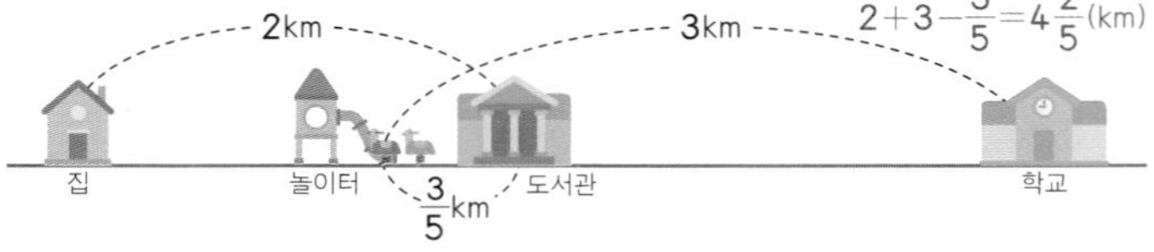

$2+3-\frac{3}{5}=4\frac{2}{5}$(km)

657 대분수의 덧셈

월 일

◐ 알맞게 색칠하고, 분수의 덧셈을 하시오.

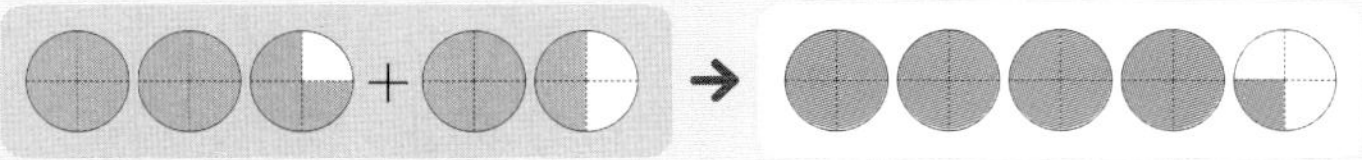

$2\frac{3}{4}+1\frac{2}{4}=\boxed{4}\frac{\boxed{1}}{\boxed{4}}$

❶

$3\frac{2}{5}+1\frac{4}{5}=\boxed{5}\frac{\boxed{1}}{\boxed{5}}$

❷

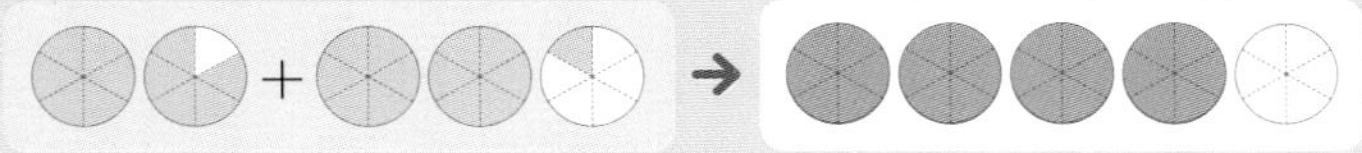

$1\frac{5}{6}+2\frac{1}{6}=\boxed{4}$

❸

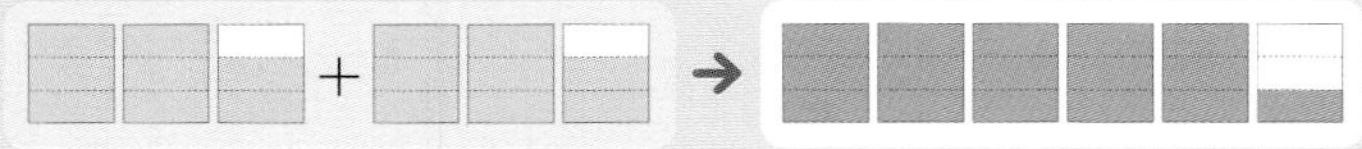

$2\frac{2}{3}+2\frac{2}{3}=\boxed{5}\frac{\boxed{1}}{\boxed{3}}$

분모가 같은 대분수끼리의 덧셈은 자연수는 자연수끼리, 분수는 분수끼리 더한 다음, 분수 부분의 합이 가분수이면 대분수로 바꾸어 나타냅니다.

◑ □ 안에 알맞은 수를 써넣으시오.

$3\frac{3}{7}+4\frac{6}{7}=(\boxed{3}+\boxed{4})+(\frac{\boxed{3}}{7}+\frac{\boxed{6}}{7})$

$=\boxed{7}+\boxed{1}\frac{\boxed{2}}{7}=\boxed{8}\frac{\boxed{2}}{7}$

❶ $3\frac{2}{9}+3\frac{5}{9}=(\boxed{3}+\boxed{3})+(\frac{\boxed{2}}{9}+\frac{\boxed{5}}{9})$

$=\boxed{6}+\frac{\boxed{7}}{9}=\boxed{6}\frac{\boxed{7}}{\boxed{9}}$

❷ $4\frac{5}{8}+1\frac{6}{8}=(\boxed{4}+\boxed{1})+(\frac{\boxed{5}}{8}+\frac{\boxed{6}}{8})$

$=\boxed{5}+\boxed{1}\frac{\boxed{3}}{8}=\boxed{6}\frac{\boxed{3}}{8}$

❸ $2\frac{3}{10}+5\frac{6}{10}=(\boxed{2}+\boxed{5})+(\frac{\boxed{3}}{10}+\frac{\boxed{6}}{10})$

$=\boxed{7}+\frac{\boxed{9}}{10}=\boxed{7}\frac{\boxed{9}}{\boxed{10}}$

658 가분수로 고쳐 덧셈하기

월 일

◐ □ 안에 알맞은 수를 써넣으시오.

$2\frac{1}{3}$은 $\frac{1}{3}$이 7 개.
$5\frac{1}{3}$은 $\frac{1}{3}$이 16 개이므로
$2\frac{1}{3}+5\frac{1}{3}$은
$\frac{1}{3}$이 23 개입니다.

$$2\frac{1}{3}+5\frac{1}{3}=\frac{23}{3}=7\frac{2}{3}$$

❶

$3\frac{2}{5}$는 $\frac{1}{5}$이 17 개,
$2\frac{2}{5}$는 $\frac{1}{5}$이 12 개이므로
$3\frac{2}{5}+2\frac{2}{5}$는
$\frac{1}{5}$이 29 개입니다.

$$3\frac{2}{5}+2\frac{2}{5}=\frac{29}{5}=5\frac{4}{5}$$

❷

$1\frac{1}{6}$은 $\frac{1}{6}$이 7 개,
$3\frac{4}{6}$는 $\frac{1}{6}$이 22 개이므로
$1\frac{1}{6}+3\frac{4}{6}$는
$\frac{1}{6}$이 29 개입니다.

$$1\frac{1}{6}+3\frac{4}{6}=\frac{29}{6}=4\frac{5}{6}$$

❸

$4\frac{6}{7}$은 $\frac{1}{7}$이 34 개,
$2\frac{5}{7}$는 $\frac{1}{7}$이 19 개이므로
$4\frac{6}{7}+2\frac{5}{7}$는
$\frac{1}{7}$이 53 개입니다.

$$4\frac{6}{7}+2\frac{5}{7}=\frac{53}{7}=7\frac{4}{7}$$

분모가 같은 대분수끼리의 덧셈은 대분수를 가분수로 바꾸어 분자끼리 더한 다음, 다시 대분수로 바꾸어 나타낼 수도 있습니다.

◈ □ 안에 알맞은 수를 써넣으시오.

$$1\frac{2}{5}+2\frac{4}{5}=\frac{7}{5}+\frac{14}{5}=\frac{21}{5}=4\frac{1}{5}$$

❶ $3\frac{4}{7}+3\frac{5}{7}=\frac{25}{7}+\frac{26}{7}=\frac{51}{7}=7\frac{2}{7}$

❷ $2\frac{1}{3}+4\frac{1}{3}=\frac{7}{3}+\frac{13}{3}=\frac{20}{3}=6\frac{2}{3}$

❸ $2\frac{1}{4}+5\frac{2}{4}=\frac{9}{4}+\frac{22}{4}=\frac{31}{4}=7\frac{3}{4}$

❹ $3\frac{4}{6}+2\frac{3}{6}=\frac{22}{6}+\frac{15}{6}=\frac{37}{6}=6\frac{1}{6}$

❺ $1\frac{3}{8}+5\frac{6}{8}=\frac{11}{8}+\frac{46}{8}=\frac{57}{8}=7\frac{1}{8}$

❻ $2\frac{6}{7}+1\frac{4}{7}=\frac{20}{7}+\frac{11}{7}=\frac{31}{7}=4\frac{3}{7}$

659 덧셈 상자

◐ 빈칸에 알맞은 수를 써넣으시오.

+	$\frac{4}{5}$	$1\frac{1}{5}$
3	$3\frac{4}{5}$	$4\frac{1}{5}$
$3\frac{2}{5}$	$4\frac{1}{5}$	$4\frac{3}{5}$

❶

+	$\frac{5}{6}$	$1\frac{3}{6}$
2	$2\frac{5}{6}$	$3\frac{3}{6}$
$2\frac{2}{6}$	$3\frac{1}{6}$	$3\frac{5}{6}$

❷

+	$\frac{5}{7}$	$2\frac{2}{7}$
4	$4\frac{5}{7}$	$6\frac{2}{7}$
$3\frac{4}{7}$	$4\frac{2}{7}$	$5\frac{6}{7}$

❸

+	$\frac{7}{8}$	$2\frac{3}{8}$
3	$3\frac{7}{8}$	$5\frac{3}{8}$
$2\frac{4}{8}$	$3\frac{3}{8}$	$4\frac{7}{8}$

❹

+	$\frac{3}{4}$	$3\frac{1}{4}$
2	$2\frac{3}{4}$	$5\frac{1}{4}$
$4\frac{2}{4}$	$5\frac{1}{4}$	$7\frac{3}{4}$

❺

+	$\frac{4}{7}$	$1\frac{6}{7}$
5	$5\frac{4}{7}$	$6\frac{6}{7}$
$5\frac{2}{7}$	$5\frac{6}{7}$	$7\frac{1}{7}$

월 일

순서를 생각하여 해결합니다. 가로줄과 세로줄의 수부터 구합니다.

◐ 빈칸에 알맞은 수를 써넣으시오.

$2\frac{3}{5}+\boxed{\frac{1}{5}}=2\frac{4}{5}$

$\boxed{2}+3\frac{4}{5}=5\frac{4}{5}$

+	$\frac{1}{5}$	$3\frac{4}{5}$
2	$2\frac{1}{5}$	$5\frac{4}{5}$
$2\frac{3}{5}$	$2\frac{4}{5}$	$6\frac{2}{5}$

❶

$1\frac{6}{9}+\boxed{\frac{2}{9}}=1\frac{8}{9}$

$\boxed{4}+2\frac{4}{9}=6\frac{4}{9}$

+	$\frac{2}{9}$	$2\frac{4}{9}$
4	$4\frac{2}{9}$	$6\frac{4}{9}$
$1\frac{6}{9}$	$1\frac{8}{9}$	$4\frac{1}{9}$

❷

+	4	$1\frac{4}{7}$
$3\frac{5}{7}$	$7\frac{5}{7}$	$5\frac{2}{7}$
$\frac{6}{7}$	$4\frac{6}{7}$	$2\frac{3}{7}$

❸

+	$2\frac{6}{8}$	3
$\frac{3}{8}$	$3\frac{1}{8}$	$3\frac{3}{8}$
$1\frac{3}{8}$	$4\frac{1}{8}$	$4\frac{3}{8}$

❹

+	$4\frac{2}{6}$	2
$\frac{5}{6}$	$5\frac{1}{6}$	$2\frac{5}{6}$
$2\frac{3}{6}$	$6\frac{5}{6}$	$4\frac{3}{6}$

❺

+	$\frac{1}{7}$	$3\frac{5}{7}$
$1\frac{3}{7}$	$1\frac{4}{7}$	$5\frac{1}{7}$
3	$3\frac{1}{7}$	$6\frac{5}{7}$

660 대분수 카드 덧셈

월 일

◐ 숫자 카드를 한 번씩 모두 사용하여 덧셈식을 완성하시오.

$3\frac{4}{7}+2\frac{5}{7}=6\frac{2}{7}$

$2\frac{5}{7}+3\frac{4}{7}=6\frac{2}{7}$ $3\frac{5}{7}+2\frac{4}{7}=6\frac{2}{7}$

자연수 부분끼리, 분자 부분끼리의 수가 서로 바뀌어도 결과가 같으면 정답입니다.

예: 2 4 5 3

$2\frac{4}{7}+3\frac{5}{7}=6\frac{2}{7}$

합이 2 또는 9가 되는 두 수를 찾아 분자에 넣습니다.

① 1 4 6 2

$2\frac{1}{8}+6\frac{4}{8}=8\frac{5}{8}$

합이 5 또는 13이 되는 두 수를 찾아 분자에 넣습니다.

② 1 3 4 5

$3\frac{1}{6}+5\frac{4}{6}=8\frac{5}{6}$

③ 1 4 3 2

$1\frac{4}{5}+2\frac{3}{5}=4\frac{2}{5}$

④ 6 8 5 7

$5\frac{7}{9}+6\frac{8}{9}=12\frac{6}{9}$

⑤ 2 3 5 6

$2\frac{3}{8}+5\frac{6}{8}=8\frac{1}{8}$

◑ 숫자 카드를 한 번씩 모두 사용하여 합이 가장 큰 덧셈식을 만들고, 결과를 구하시오.

계산 결과가 가장 큰 대분수의 덧셈식을 만들 때에는 가장 큰 수와 그 다음 큰 수를 자연수 부분에 넣고, 가장 작은 수와 그 다음 작은 수를 분자에 넣습니다.

자연수 부분끼리, 분자 부분끼리의 수가 서로 바뀌어도 결과가 같으면 정답입니다.

예: 1 3 2 4

$4\frac{2}{7}+3\frac{1}{7}=7\frac{3}{7}$

① 1 4 6 3

$6\frac{1}{5}+4\frac{3}{5}=10\frac{4}{5}$

② 2 4 5 3

$4\frac{2}{6}+5\frac{3}{6}=9\frac{5}{6}$

③ 7 8 1 2

$7\frac{1}{8}+8\frac{2}{8}=15\frac{3}{8}$

④ 3 4 5 1

$4\frac{1}{9}+5\frac{3}{9}=9\frac{4}{9}$

⑤ 6 2 7 9

$7\frac{2}{7}+9\frac{6}{7}=17\frac{1}{7}$

잘 공부했는지 알아봅시다

월 일

1 계산 결과가 같은 것끼리 선으로 이으시오.

$3\frac{2}{7}$	$3+\frac{2}{7}$	연결 → $1\frac{4}{7}+1\frac{5}{7}$	$1\frac{2}{7}+2\frac{1}{7}$	$3\frac{3}{7}$
$3\frac{3}{7}$	$2\frac{5}{7}+\frac{5}{7}$	연결 → $1\frac{2}{7}+2\frac{1}{7}$	$2\frac{4}{7}+1$	$3\frac{4}{7}$
$3\frac{4}{7}$	$1\frac{2}{7}+2\frac{2}{7}$	연결 → $2\frac{4}{7}+1$	$1\frac{4}{7}+1\frac{5}{7}$	$3\frac{2}{7}$

2 두 대분수의 합을 빈칸에 써넣으시오.

❶ $10\frac{5}{8}$ ($5\frac{2}{8}+5\frac{3}{8}$)

$5\frac{2}{8}$	$5\frac{3}{8}$

❷ $9\frac{2}{7}$ ($6\frac{6}{7}+2\frac{3}{7}$)

$6\frac{6}{7}$	$2\frac{3}{7}$

3 숫자 카드를 한 번씩 모두 사용하여 다음 식을 완성하시오.

2 7 8 3

자연수 부분끼리, 분자 부분끼리의 수가 서로 바뀌어도 결과가 같으면 정답입니다.

❶ $2\frac{7}{11}+3\frac{8}{11}=6\frac{4}{11}$　❷ $2\frac{7}{10}+3\frac{8}{10}=6\frac{5}{10}$

661 합이 자연수인 대분수

월 일

◐ 두 대분수의 합이 자연수가 되는 것에 ○표, 아닌 것에 ×표 하시오.

(예시) $2\frac{3}{7}+3\frac{4}{7}$ 6 (○)
$1\frac{3}{7}+2\frac{3}{7}$ $3\frac{6}{7}$ (×)

❶ $2\frac{2}{6}+2\frac{5}{6}$ $5\frac{1}{6}$ (×)
$3\frac{1}{6}+4\frac{5}{6}$ 8 (○)

❷ $7\frac{1}{9}+2\frac{8}{9}$ (○)
$6\frac{2}{9}+3\frac{4}{9}$ (×)

❸ $4\frac{2}{5}+3\frac{2}{5}$ (×)
$5\frac{4}{5}+2\frac{1}{5}$ (○)

❹ $2\frac{3}{8}+3\frac{5}{8}$ (○)
$4\frac{2}{8}+3\frac{4}{8}$ (×)

❺ $6\frac{1}{2}+3\frac{1}{2}$ (○)
$2\frac{1}{3}+3\frac{1}{3}$ (×)

❻ $7\frac{3}{10}+3\frac{6}{10}$ (×)
$2\frac{5}{10}+3\frac{5}{10}$ (○)

❼ $5\frac{2}{4}+3\frac{3}{4}$ (×)
$6\frac{1}{4}+7\frac{3}{4}$ (○)

두 대분수의 합이 자연수가 되려면 분수 부분의 합이 1이 되어야 합니다.

◑ 합이 자연수가 되는 두 대분수에 ○표 하고, 그 합을 □ 안에 써넣으시오.

(예시) ($3\frac{1}{4}$) $2\frac{3}{5}$ $4\frac{2}{4}$ ($1\frac{3}{4}$) → 5

분자의 합이 분모와 같이 4가 되는 두 분수를 찾습니다.

❶ $6\frac{4}{5}$ ($3\frac{3}{7}$) ($2\frac{4}{7}$) $5\frac{2}{7}$ → 6

분자의 합이 분모와 같이 6이 되는 두 분수를 찾습니다.

❷ $1\frac{1}{7}$ ($3\frac{1}{8}$) $2\frac{5}{8}$ ($4\frac{7}{8}$) → 8

❸ ($2\frac{3}{9}$) ($2\frac{6}{9}$) $3\frac{5}{9}$ $4\frac{5}{8}$ → 5

❹ ($7\frac{3}{10}$) $2\frac{7}{12}$ $4\frac{5}{10}$ ($3\frac{7}{10}$) → 11

❺ ($8\frac{1}{3}$) $7\frac{1}{4}$ ($6\frac{2}{3}$) $5\frac{3}{5}$ → 15

❻ $1\frac{1}{6}$ ($3\frac{2}{6}$) $3\frac{5}{7}$ ($5\frac{4}{6}$) → 9

❼ $6\frac{2}{6}$ ($2\frac{4}{5}$) $5\frac{2}{6}$ ($3\frac{1}{5}$) → 6

662 자연수에서 대분수 빼기

월 일

◐ 빼는 대분수만큼 지우고, □ 안에 알맞은 수를 써넣으시오.

예시 답안과 지운 칸의 위치는 달라도 지운 칸의 개수가 같으면 정답입니다.

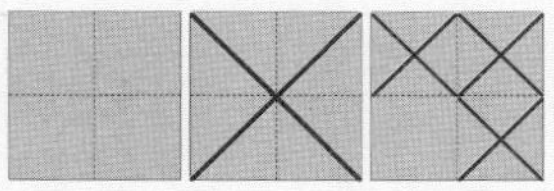

→ $3-1\frac{3}{4}=\boxed{1}\frac{\boxed{1}}{4}$

❶

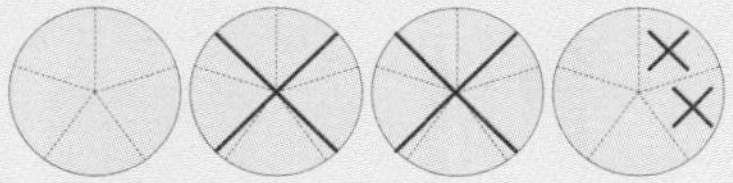

→ $4-2\frac{2}{5}=\boxed{1}\frac{\boxed{3}}{5}$

❷

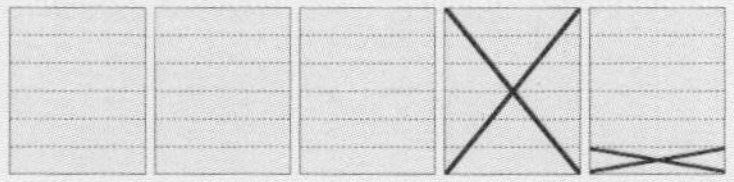

→ $5-1\frac{1}{6}=\boxed{3}\frac{\boxed{5}}{6}$

❸

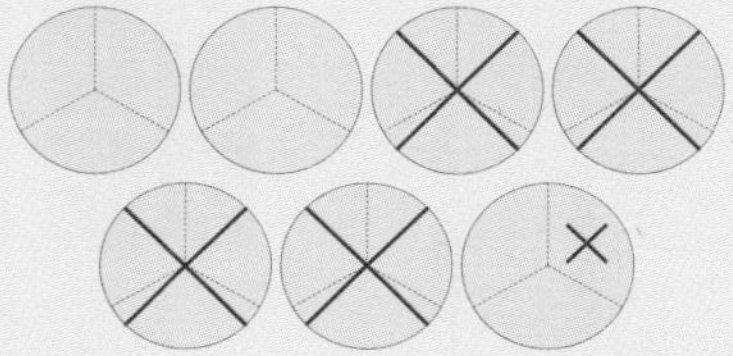

→ $7-4\frac{1}{3}=\boxed{2}\frac{\boxed{2}}{3}$

❹

→ $3-1\frac{3}{8}=\boxed{1}\frac{\boxed{5}}{8}$

자연수에서 대분수를 빼는 방법은 2가지입니다.
① 자연수에서 1만큼을 가분수로 만들고, 자연수는 자연수끼리 분수는 분수끼리 뺍니다.
② 자연수와 대분수를 모두 가분수로 만들어 분자끼리 빼고, 결과가 가분수이면 대분수로 바꾸어 나타냅니다.

◐ □ 안에 알맞은 수를 써넣으시오.

$5-2\frac{2}{5}=\boxed{4}\frac{\boxed{5}}{5}-2\frac{2}{5}=\boxed{2}\frac{\boxed{3}}{5}$

❶ $3-1\frac{1}{7}=\boxed{2}\frac{\boxed{7}}{7}-1\frac{1}{7}=\boxed{1}\frac{\boxed{6}}{7}$

❷ $4-2\frac{3}{8}=\boxed{3}\frac{\boxed{8}}{8}-2\frac{3}{8}=\boxed{1}\frac{\boxed{5}}{8}$

❸ $7-3\frac{4}{6}=\boxed{6}\frac{\boxed{6}}{6}-3\frac{4}{6}=\boxed{3}\frac{\boxed{2}}{6}$

❹ $5-3\frac{1}{2}=\boxed{4}\frac{\boxed{2}}{2}-3\frac{1}{2}=\boxed{1}\frac{\boxed{1}}{2}$

❺ $6-4\frac{2}{3}=\boxed{5}\frac{\boxed{3}}{3}-4\frac{2}{3}=\boxed{1}\frac{\boxed{1}}{3}$

❻ $9-4\frac{3}{7}=\boxed{8}\frac{\boxed{7}}{7}-4\frac{3}{7}=\boxed{4}\frac{\boxed{4}}{7}$

❼ $8-3\frac{4}{5}=\boxed{7}\frac{\boxed{5}}{5}-3\frac{4}{5}=\boxed{4}\frac{\boxed{1}}{5}$

663 가장 큰 뺄셈식

◐ 숫자 카드를 한 번씩 사용하여 만든 여러 가지 (자연수)−(대분수)의 뺄셈식을 계산하고, 결과가 가장 큰 것에 ○표 하시오.

카드: 3, 4, 5, 7

$5-4\frac{3}{7}=\frac{4}{7}$	($7-3\frac{4}{5}=3\frac{1}{5}$) ○
$7-5\frac{3}{4}=1\frac{1}{4}$	$4-3\frac{5}{7}=\frac{2}{7}$

❶ 카드: 1, 4, 5, 8

$8-5\frac{1}{4}=2\frac{3}{4}$	($8-4\frac{1}{5}=3\frac{4}{5}$) ○
$5-4\frac{1}{8}=\frac{7}{8}$	$4-1\frac{5}{8}=2\frac{3}{8}$

❷ 카드: 2, 3, 6, 7

($7-2\frac{3}{6}=4\frac{3}{6}$) ○	$3-2\frac{6}{7}=\frac{1}{7}$
$7-6\frac{2}{3}=\frac{1}{3}$	$6-3\frac{2}{7}=2\frac{5}{7}$

차가 가장 큰 (자연수)−(대분수)의 뺄셈식을 만들 때에는 가장 큰 수를 자연수에 놓고, 나머지 세 수를 이용하여 가장 작은 대분수를 만듭니다.

월 일

◐ 숫자 카드를 한 번씩 사용하여 계산 결과가 가장 큰 (자연수)−(대분수)의 뺄셈식을 만들고 결과를 구하시오.

카드: 3, 4, 5, 6 — $6-3\frac{4}{5}=2\frac{1}{5}$

❶ 카드: 1, 6, 4, 3 — $6-1\frac{3}{4}=4\frac{1}{4}$

❷ 카드: 1, 3, 4, 5 — $5-1\frac{3}{4}=3\frac{1}{4}$

❸ 카드: 7, 2, 3, 5 — $7-2\frac{3}{5}=4\frac{2}{5}$

❹ 카드: 6, 5, 9, 8 — $9-5\frac{6}{8}=3\frac{2}{8}$

❺ 카드: 8, 7, 1, 2 — $8-1\frac{2}{7}=6\frac{5}{7}$

664 분수의 합과 차

월 일

◐ 자연수와 대분수의 합과 차를 구하고, 구한 합과 차를 더하시오.

(예) $4+2\frac{1}{4}=6\frac{1}{4}$, $4-2\frac{1}{4}=1\frac{3}{4}$ → 8

❶ $5+3\frac{1}{3}=8\frac{1}{3}$, $5-3\frac{1}{3}=1\frac{2}{3}$ → 10

❷ $3+1\frac{2}{5}=4\frac{2}{5}$, $3-1\frac{2}{5}=1\frac{3}{5}$ → 6

❸ $6+2\frac{5}{6}=8\frac{5}{6}$, $6-2\frac{5}{6}=3\frac{1}{6}$ → 12

❹ $4+2\frac{2}{7}=6\frac{2}{7}$, $4-2\frac{2}{7}=1\frac{5}{7}$ → 8

❺ $3+1\frac{3}{8}=4\frac{3}{8}$, $3-1\frac{3}{8}=1\frac{5}{8}$ → 6

❻ $7+3\frac{1}{2}=10\frac{1}{2}$, $7-3\frac{1}{2}=3\frac{1}{2}$ → 14

❼ $5+3\frac{3}{5}=8\frac{3}{5}$, $5-3\frac{3}{5}=1\frac{2}{5}$ → 10

두 수의 합과 차를 더한 값은 두 수 중 큰 수의 2배와 같습니다. 이를 이용하여 자연수를 구한 다음, 자연수와 대분수의 합 또는 차를 이용하여 대분수를 구합니다.

◑ ◆는 자연수, ★는 대분수입니다. 합과 차를 보고, ◆와 ★의 값을 각각 구하시오.

(예) ◆+★$=4\frac{2}{3}$, ◆−★$=1\frac{1}{3}$ → ◆ = 3, ★ = $1\frac{2}{3}$

❶ ◆+★$=7\frac{3}{5}$, ◆−★$=2\frac{2}{5}$ → ◆ = 5, ★ = $2\frac{3}{5}$

❷ ◆+★$=5\frac{3}{4}$, ◆−★$=2\frac{1}{4}$ → ◆ = 4, ★ = $1\frac{3}{4}$

❸ ◆+★$=8\frac{4}{7}$, ◆−★$=3\frac{3}{7}$ → ◆ = 6, ★ = $2\frac{4}{7}$

❹ ◆+★$=4\frac{7}{10}$, ◆−★$=1\frac{3}{10}$ → ◆ = 3, ★ = $1\frac{7}{10}$

❺ ◆+★$=5\frac{3}{9}$, ◆−★$=\frac{6}{9}$ → ◆ = 3, ★ = $2\frac{3}{9}$

잘 공부했는지 알아봅시다

월 일

1 4를 분모가 5인 두 대분수의 합으로 나타내면 다음과 같습니다.

$4=1\frac{1}{5}+2\frac{4}{5}$ $4=1\frac{2}{5}+2\frac{3}{5}$

$4=1\frac{3}{5}+2\frac{2}{5}$ $4=1\frac{4}{5}+2\frac{1}{5}$

4를 분모가 3인 두 대분수의 합으로 나타내시오. 단, 더하는 두 수의 순서가 바뀐 것은 같은 것으로 봅니다. $4=1\frac{1}{3}+2\frac{2}{3}$ $4=1\frac{2}{3}+2\frac{1}{3}$

2 자연수와 대분수가 각각 1개씩 있습니다. 자연수에 대분수를 더하면 $6\frac{2}{3}$이고, 자연수에서 대분수를 빼면 $3\frac{1}{3}$입니다. 자연수와 대분수를 구하시오. 5, $1\frac{2}{3}$

자연수와 대분수의 합과 차를 더하면 10입니다.
따라서 자연수는 10의 $\frac{1}{2}$인 5입니다.

3 숫자 카드를 한 번씩 사용하여 계산 결과가 가장 큰 (자연수)−(대분수)의 뺄셈 식을 만들고 결과를 구하시오.

2 3 4 5

$5-2\frac{3}{4}=2\frac{1}{4}$

차가 가장 크도록 하려면 가장 큰 수를 자연수에 놓고, 나머지 세 수를 이용하여 가장 작은 대분수를 만들어 차를 구합니다.

665 대분수의 뺄셈

◐ 그림에서 빼는 분수만큼 ×로 지우고 분수의 뺄셈을 하시오.

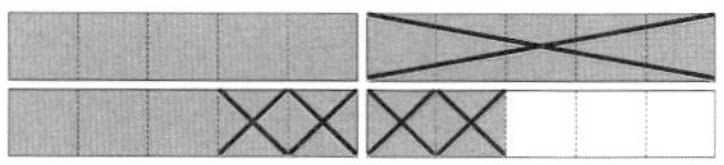

→ $3\frac{2}{5}-1\frac{4}{5}=\boxed{1\frac{3}{5}}$

❶ 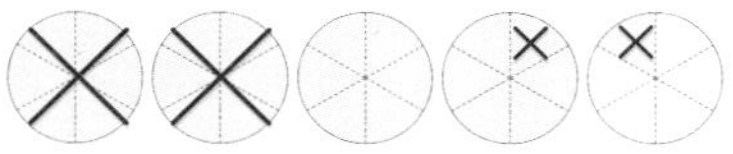

→ $4\frac{1}{6}-2\frac{2}{6}=\boxed{1\frac{5}{6}}$

❷ 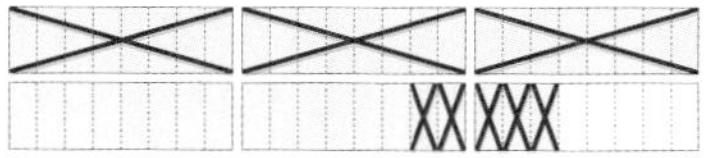

→ $5\frac{3}{8}-3\frac{5}{8}=\boxed{1\frac{6}{8}}$

❸ 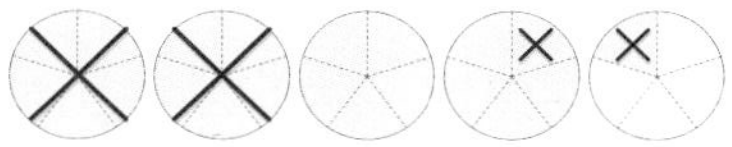

→ $4\frac{1}{5}-2\frac{2}{5}=\boxed{1\frac{4}{5}}$

❹ 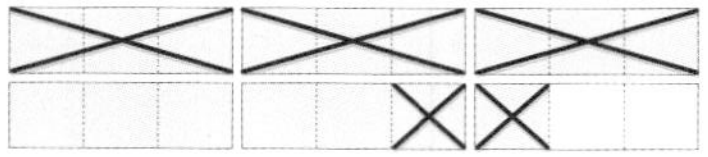

→ $5\frac{1}{3}-3\frac{2}{3}=\boxed{1\frac{2}{3}}$

분모가 같은 대분수끼리의 뺄셈은 자연수는 자연수끼리, 분수는 분수끼리 뺍니다. 분수 부분끼리 뺄 수 없는 대분수끼리의 뺄셈은 자연수 부분에서 1을 가분수로 만들어 계산합니다.

◑ □ 안에 알맞은 수를 써넣으시오.

$$4\frac{3}{8}-2\frac{6}{8}=3\frac{\boxed{11}}{8}-2\frac{6}{8}$$
$$=(\boxed{3}-\boxed{2})+(\frac{\boxed{11}}{8}-\frac{\boxed{6}}{8})$$
$$=\boxed{1}+\frac{\boxed{5}}{8}=\boxed{1}\frac{\boxed{5}}{8}$$

❶
$$5\frac{2}{7}-3\frac{5}{7}=4\frac{\boxed{9}}{7}-3\frac{5}{7}$$
$$=(\boxed{4}-\boxed{3})+(\frac{\boxed{9}}{7}-\frac{5}{7})$$
$$=\boxed{1}+\frac{\boxed{4}}{7}=\boxed{1}\frac{\boxed{4}}{7}$$

❷
$$6\frac{1}{3}-3\frac{2}{3}=5\frac{\boxed{4}}{3}-3\frac{2}{3}$$
$$=(\boxed{5}-\boxed{3})+(\frac{\boxed{4}}{3}-\frac{\boxed{2}}{3})$$
$$=\boxed{2}+\frac{\boxed{2}}{3}=\boxed{2}\frac{\boxed{2}}{3}$$

666 가분수로 고쳐 뺄셈하기

◐ □ 안에 알맞은 수를 써넣으시오.

$4\frac{1}{4}$은 $\frac{1}{4}$이 [17]개,
$1\frac{2}{4}$는 $\frac{1}{4}$이 [6]개이므로
$4\frac{1}{4}-1\frac{2}{4}$는
$\frac{1}{4}$이 [11]개입니다.

$4\frac{1}{4}-1\frac{2}{4}=\frac{[11]}{4}=[2]\frac{[3]}{4}$

❶
$5\frac{2}{6}$는 $\frac{1}{6}$이 [32]개,
$3\frac{3}{6}$은 $\frac{1}{6}$이 [21]개이므로
$5\frac{2}{6}-3\frac{3}{6}$은
$\frac{1}{6}$이 [11]개입니다.

$5\frac{2}{6}-3\frac{3}{6}=\frac{[11]}{6}=[1]\frac{[5]}{6}$

❷
$7\frac{2}{5}$는 $\frac{1}{5}$이 [37]개,
$2\frac{2}{5}$는 $\frac{1}{5}$이 [12]개이므로
$7\frac{2}{5}-2\frac{2}{5}$는
$\frac{1}{5}$이 [25]개입니다.

$7\frac{2}{5}-2\frac{2}{5}=\frac{[25]}{5}=[5]$

❸
$6\frac{2}{10}$는 $\frac{1}{10}$이 [62]개,
$4\frac{5}{10}$는 $\frac{1}{10}$이 [45]개이므로
$6\frac{2}{10}-4\frac{5}{10}$는
$\frac{1}{10}$이 [17]개입니다.

$6\frac{2}{10}-4\frac{5}{10}=\frac{[17]}{10}=[1]\frac{[7]}{10}$

분모가 같은 대분수끼리의 뺄셈은 대분수를 가분수로 바꾸어 분자끼리 뺀 다음 계산 결과가 가분수인 경우 다시 대분수로 바꾸어 나타냅니다.

월 일

◑ 대분수를 가분수로 바꾸어 뺄셈을 하시오.

$3\frac{1}{4}-1\frac{2}{4}=\frac{[13]}{4}-\frac{[6]}{4}=\frac{[7]}{4}=[1]\frac{[3]}{4}$

❶ $5\frac{2}{7}-3\frac{5}{7}=\frac{[37]}{7}-\frac{[26]}{7}=\frac{[11]}{7}=[1]\frac{[4]}{7}$

❷ $5\frac{6}{9}-3\frac{3}{9}=\frac{[51]}{9}-\frac{[30]}{9}=\frac{[21]}{9}=[2]\frac{[3]}{9}$

❸ $3\frac{2}{5}-1\frac{3}{5}=\frac{[17]}{5}-\frac{[8]}{5}=\frac{[9]}{5}=[1]\frac{[4]}{5}$

❹ $8\frac{2}{7}-1\frac{5}{7}=\frac{[58]}{7}-\frac{[12]}{7}=\frac{[46]}{7}=[6]\frac{[4]}{7}$

❺ $6\frac{2}{10}-2\frac{7}{10}=\frac{[62]}{10}-\frac{[27]}{10}=\frac{[35]}{10}=[3]\frac{[5]}{10}$

❻ $4\frac{3}{12}-2\frac{8}{12}=\frac{[51]}{12}-\frac{[32]}{12}=\frac{[19]}{12}=[1]\frac{[7]}{12}$

뺄셈표

◐ 빈칸에 알맞은 수를 써넣으시오.

−	2	$\frac{4}{5}$	$2\frac{1}{5}$
5	3	$4\frac{1}{5}$	$2\frac{4}{5}$
$7\frac{3}{5}$	$5\frac{3}{5}$	$6\frac{4}{5}$	$5\frac{2}{5}$

❶

−	4	$\frac{2}{7}$	$2\frac{5}{7}$
6	2	$5\frac{5}{7}$	$3\frac{2}{7}$
$9\frac{4}{7}$	$5\frac{4}{7}$	$9\frac{2}{7}$	$6\frac{6}{7}$

❷

−	3	$\frac{5}{6}$	$4\frac{3}{6}$
6	3	$5\frac{1}{6}$	$1\frac{3}{6}$
$9\frac{4}{6}$	$6\frac{4}{6}$	$8\frac{5}{6}$	$5\frac{1}{6}$

❸

−	5	$\frac{3}{9}$	$4\frac{7}{9}$
8	3	$7\frac{6}{9}$	$3\frac{2}{9}$
$7\frac{1}{9}$	$2\frac{1}{9}$	$6\frac{7}{9}$	$2\frac{3}{9}$

❹

−	5	$\frac{3}{9}$	$2\frac{7}{9}$
7	2	$6\frac{6}{9}$	$4\frac{2}{9}$
$8\frac{5}{9}$	$3\frac{5}{9}$	$8\frac{2}{9}$	$5\frac{7}{9}$

❺

−	1	$\frac{5}{8}$	$1\frac{2}{8}$
3	2	$2\frac{3}{8}$	$1\frac{6}{8}$
$4\frac{3}{8}$	$3\frac{3}{8}$	$3\frac{6}{8}$	$3\frac{1}{8}$

◐ 빈칸에 알맞은 수를 써넣으시오.

순서를 생각하여 해결합니다. 가로줄과 세로줄의 수부터 구합니다.

−	2	$\frac{5}{7}$	$1\frac{2}{7}$
3	1	$2\frac{2}{7}$	$1\frac{5}{7}$
$4\frac{4}{7}$	$2\frac{4}{7}$	$3\frac{6}{7}$	$3\frac{2}{7}$

❶

−	4	$\frac{7}{10}$	$2\frac{1}{10}$
5	1	$4\frac{3}{10}$	$2\frac{9}{10}$
$5\frac{3}{10}$	$1\frac{3}{10}$	$4\frac{6}{10}$	$3\frac{2}{10}$

❷

−	4	$\frac{4}{6}$	$2\frac{5}{6}$
7	3	$6\frac{2}{6}$	$4\frac{1}{6}$
$6\frac{1}{6}$	$2\frac{1}{6}$	$5\frac{3}{6}$	$3\frac{2}{6}$

❸

−	1	$\frac{3}{7}$	$3\frac{4}{7}$
4	3	$3\frac{4}{7}$	$\frac{3}{7}$
$5\frac{1}{7}$	$4\frac{1}{7}$	$4\frac{5}{7}$	$1\frac{4}{7}$

❹

−	3	$\frac{2}{8}$	$1\frac{3}{8}$
6	3	$5\frac{6}{8}$	$4\frac{5}{8}$
$8\frac{5}{8}$	$5\frac{5}{8}$	$8\frac{3}{8}$	$7\frac{2}{8}$

❺

−	2	$\frac{3}{9}$	$3\frac{2}{9}$
5	3	$4\frac{6}{9}$	$1\frac{7}{9}$
$3\frac{8}{9}$	$1\frac{8}{9}$	$3\frac{5}{9}$	$\frac{6}{9}$

668 대분수 카드 뺄셈

◐ 안의 수를 모두 한 번씩 사용하여 계산 결과에 맞게 (대분수) − (대분수)의 뺄셈식을 완성하시오.

2 8 5 6

$8\frac{6}{10}-2\frac{5}{10}=6\frac{1}{10}$

$6\frac{2}{10}-5\frac{8}{10}=\frac{4}{10}$

$8\frac{2}{10}-5\frac{6}{10}=2\frac{6}{10}$

❶ 6 7 3 9

$9\frac{6}{12}-3\frac{7}{12}=5\frac{11}{12}$

$7\frac{3}{12}-6\frac{9}{12}=\frac{6}{12}$

$7\frac{6}{12}-3\frac{9}{12}=3\frac{9}{12}$

❷ 2 3 6 9

$9\frac{6}{11}-2\frac{3}{11}=7\frac{3}{11}$

$3\frac{6}{11}-2\frac{9}{11}=\frac{8}{11}$

$6\frac{3}{11}-2\frac{9}{11}=3\frac{5}{11}$

❸ 3 6 4 8

$8\frac{6}{9}-3\frac{4}{9}=5\frac{2}{9}$

$4\frac{6}{9}-3\frac{8}{9}=\frac{7}{9}$

$8\frac{3}{9}-4\frac{6}{9}=3\frac{6}{9}$

◆ 안의 수를 모두 한 번씩 사용하여 다음 식의 계산 결과가 가장 크게 되도록 만들고, 결과를 구하시오.

2 7 4 6　$7\frac{6}{9}-2\frac{4}{9}=5\frac{2}{9}$

❶ 3 5 9 2　$9\frac{5}{10}-2\frac{3}{10}=7\frac{2}{10}$

❷ 1 3 5 7　$7\frac{5}{10}-1\frac{3}{10}=6\frac{2}{10}$

◆ 안의 수를 모두 한 번씩 사용하여 다음 식의 계산 결과가 가장 작게 되도록 만들고, 결과를 구하시오.

3 5 6 8　$6\frac{3}{9}-5\frac{8}{9}=\frac{4}{9}$

❸ 2 3 5 9　$3\frac{5}{10}-2\frac{9}{10}=\frac{6}{10}$

❹ 4 5 1 8　$5\frac{1}{12}-4\frac{8}{12}=\frac{5}{12}$

잘 공부했는지 알아봅시다

월 일

1 수직선의 빈칸에 알맞은 수를 쓰고 대분수의 뺄셈을 하시오.

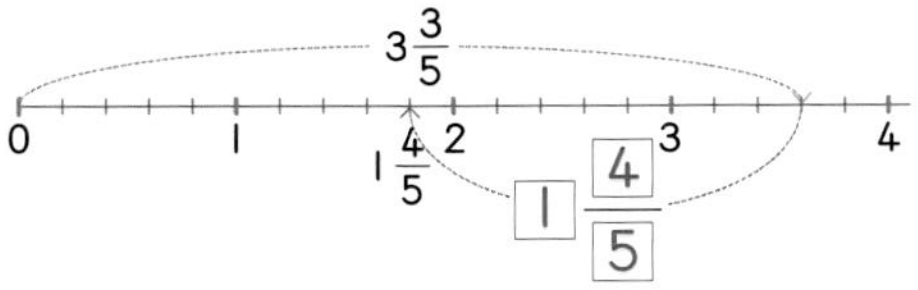

$3\frac{3}{5} - \boxed{1\frac{4}{5}} = 1\frac{4}{5}$

2 빈칸에 알맞은 수를 써넣으시오.

❶

−	$\frac{5}{7}$	$1\frac{2}{7}$	$3\frac{4}{7}$
$7\frac{2}{7}$	$6\frac{4}{7}$	6	$3\frac{5}{7}$

$7\frac{2}{7}-\frac{5}{7}$ $7\frac{2}{7}-1\frac{2}{7}$ $7\frac{2}{7}-3\frac{4}{7}$

❷

−	$\frac{5}{9}$	$2\frac{3}{9}$	$1\frac{8}{9}$
$5\frac{5}{9}$	5	$3\frac{2}{9}$	$3\frac{6}{9}$

$5\frac{5}{9}-\frac{5}{9}$ $5\frac{5}{9}-2\frac{3}{9}$ $5\frac{5}{9}-1\frac{8}{9}$

3 숫자 카드를 모두 한 번씩 사용하여 다음 식의 계산 결과가 가장 크게 되도록 만들고 결과를 구하시오.

7 3 6 8

$\boxed{8}\frac{\boxed{7}}{11} - \boxed{3}\frac{\boxed{6}}{11} = \boxed{5\frac{1}{11}}$

669 거꾸로 분수셈

◐ □ 안에 알맞은 수를 써넣으시오.

(예) $7\frac{1}{5}$ → $+2\frac{2}{5}$ → $9\frac{3}{5}$

❶ $3\frac{2}{7}$ → $+1\frac{3}{7}$ → $4\frac{5}{7}$ → $+2\frac{5}{7}$ → $7\frac{3}{7}$

❷ $8\frac{2}{3}$ → $-1\frac{1}{3}$ → $7\frac{1}{3}$

❸ $6\frac{3}{4}$ → $-1\frac{1}{4}$ → $5\frac{2}{4}$ → $-2\frac{3}{4}$ → $2\frac{3}{4}$

❹ $4\frac{3}{5}$ → $+1\frac{4}{5}$ → $6\frac{2}{5}$

❺ $7\frac{3}{6}$ → $+1\frac{4}{6}$ → $9\frac{1}{6}$ → $-2\frac{5}{6}$ → $6\frac{2}{6}$

❻ $6\frac{2}{7}$ → $-2\frac{5}{7}$ → $3\frac{4}{7}$

❼ $9\frac{3}{5}$ → $-2\frac{4}{5}$ → $6\frac{4}{5}$ → $+3\frac{1}{5}$ → 10

월 일

◑ □ 안에 알맞은 수를 써넣으시오.

거꾸로 계산하면 편리합니다. 거꾸로 계산할 때에는 덧셈은 뺄셈으로, 뺄셈은 덧셈으로 바꾸어 계산합니다.

(예) $1\frac{4}{5}$ → $+1\frac{3}{5}$ → $3\frac{2}{5}$ ($3\frac{2}{5}$ → $-1\frac{3}{5}$ → $1\frac{4}{5}$)

❶ $3\frac{2}{7}$ → $+1\frac{2}{7}$ → $4\frac{4}{7}$ → $+3\frac{5}{7}$ → $8\frac{2}{7}$ ($8\frac{2}{7}$ → $-3\frac{5}{7}$ → $4\frac{4}{7}$ → $-1\frac{2}{7}$ → $3\frac{2}{7}$)

❷ $5\frac{1}{7}$ → $-1\frac{6}{7}$ → $3\frac{2}{7}$

❸ 3 → $+2\frac{1}{4}$ → $5\frac{1}{4}$ → $-1\frac{2}{4}$ → $3\frac{3}{4}$

❹ $2\frac{6}{8}$ → $+2\frac{3}{8}$ → $5\frac{1}{8}$

❺ $6\frac{6}{10}$ → $+1\frac{5}{10}$ → $8\frac{1}{10}$ → $-2\frac{7}{10}$ → $5\frac{4}{10}$

❻ $5\frac{7}{9}$ → $-3\frac{2}{9}$ → $2\frac{5}{9}$

❼ $2\frac{5}{7}$ → $-1\frac{2}{7}$ → $1\frac{3}{7}$ → $+3\frac{6}{7}$ → $5\frac{2}{7}$

670 모양 분수

◐ 같은 모양에는 같은 수가 들어갑니다. 빈칸에 알맞은 수를 써넣으시오.

$\boxed{3\frac{2}{4}} + ⓞ 2\frac{1}{4} = 5\frac{3}{4}$

$3\frac{2}{4} - ⓞ 2\frac{1}{4} = 1\frac{1}{4}$

❶ $\boxed{2} + ⓞ 3\frac{2}{5} = 5\frac{2}{5}$

$5\frac{1}{5} - ⓞ 3\frac{2}{5} = 1\frac{4}{5}$

두 번째 식에서 ○안의 수 $2\frac{1}{4}$을 구한 다음, $2\frac{1}{4}$을 첫 번째 식에 넣고 □안의 수를 구합니다.

두 번째 식에서 ○안의 수 $3\frac{2}{5}$를 구한 다음, $3\frac{2}{5}$를 첫 번째 식에 넣고 □안의 수를 구합니다.

❷ $\boxed{2\frac{1}{6}} + ⓞ 3\frac{2}{6} = 5\frac{3}{6}$

$\boxed{2\frac{1}{6}} - 1\frac{2}{6} = \frac{5}{6}$

❸ $\boxed{5\frac{2}{7}} + ⓞ 3\frac{6}{7} = 9\frac{1}{7}$

$\boxed{5\frac{2}{7}} - 2\frac{4}{7} = 2\frac{5}{7}$

❹ $\boxed{8\frac{3}{5}} + ⓞ 2\frac{4}{5} = 11\frac{2}{5}$

$6\frac{3}{5} - ⓞ 2\frac{4}{5} = 3\frac{4}{5}$

❺ $\boxed{7\frac{2}{5}} + ⓞ 2\frac{1}{5} = 9\frac{3}{5}$

$6\frac{2}{5} - ⓞ 2\frac{1}{5} = 4\frac{1}{5}$

◐ 같은 모양에는 같은 수가 들어갑니다. 빈칸에 알맞은 수를 써넣으시오.

$\boxed{3\frac{1}{3}} + 2\frac{1}{3} = 5\frac{2}{3}$

$7\frac{1}{3} - ⓞ 3\frac{2}{3} = 3\frac{2}{3}$

$\boxed{3\frac{1}{3}} + ⓞ 3\frac{2}{3} = ◇ 7$

❶ $\boxed{5\frac{4}{7}} + 4\frac{1}{7} = 9\frac{5}{7}$

$8\frac{6}{7} - ⓞ 1\frac{4}{7} = 7\frac{2}{7}$

$\boxed{5\frac{4}{7}} + ⓞ 1\frac{4}{7} = ◇ 7\frac{1}{7}$

❷ $1\frac{3}{4} + \boxed{3\frac{2}{4}} = 5\frac{1}{4}$

$ⓞ 9\frac{3}{4} - 2\frac{1}{4} = 7\frac{2}{4}$

$ⓞ 9\frac{3}{4} - \boxed{3\frac{2}{4}} = ◇ 6\frac{1}{4}$

❸ $5\frac{3}{8} + \boxed{3\frac{7}{8}} = 9\frac{2}{8}$

$6\frac{7}{8} - ⓞ 3\frac{3}{8} = 3\frac{4}{8}$

$\boxed{3\frac{7}{8}} + ⓞ 3\frac{3}{8} = ◇ 7\frac{2}{8}$

671 숫자 카드 합차

◐ 숫자 카드로 만들 수 있는 대분수를 모두 쓰고, 분모가 같은 두 대분수의 합과 차를 구하시오.

2 3 4

대분수 : $2\frac{3}{4}$ $3\frac{2}{4}$ $4\frac{2}{3}$

합 : $2\frac{3}{4}+3\frac{2}{4}=6\frac{1}{4}$

차 : $3\frac{2}{4}-2\frac{3}{4}=\frac{3}{4}$

❶ 1 3 5

대분수 : $1\frac{3}{5}$ $3\frac{1}{5}$ $5\frac{1}{3}$

합 : $1\frac{3}{5}+3\frac{1}{5}=4\frac{4}{5}$

차 : $3\frac{1}{5}-1\frac{3}{5}=1\frac{3}{5}$

❷ 2 4 5

대분수 : $2\frac{4}{5}$ $4\frac{2}{5}$ $5\frac{2}{4}$

합 : $2\frac{4}{5}+4\frac{2}{5}=7\frac{1}{5}$

차 : $4\frac{2}{5}-2\frac{4}{5}=1\frac{3}{5}$

❸ 3 4 6

대분수 : $3\frac{4}{6}$ $4\frac{3}{6}$ $6\frac{3}{4}$

합 : $3\frac{4}{6}+4\frac{3}{6}=8\frac{1}{6}$

차 : $4\frac{3}{6}-3\frac{4}{6}=\frac{5}{6}$

월 일

◐ 숫자 카드로 만들 수 있는 대분수 중에서 분모가 같은 대분수의 합과 차를 구하시오.

3 8 5

합 : $3\frac{5}{8}+5\frac{3}{8}=9$

차 : $5\frac{3}{8}-3\frac{5}{8}=1\frac{6}{8}$

❶ 4 7 6

합 : $4\frac{6}{7}+6\frac{4}{7}=11\frac{3}{7}$

차 : $6\frac{4}{7}-4\frac{6}{7}=1\frac{5}{7}$

❷ 9 2 5

합 : $2\frac{5}{9}+5\frac{2}{9}=7\frac{7}{9}$

차 : $5\frac{2}{9}-2\frac{5}{9}=2\frac{6}{9}$

❸ 3 7 8

합 : $3\frac{7}{8}+7\frac{3}{8}=11\frac{2}{8}$

차 : $7\frac{3}{8}-3\frac{7}{8}=3\frac{4}{8}$

672 대분수 문장제

◐ 식을 쓰고 답을 분수로 나타내시오.

진우는 끈 5m를 사서 박스를 묶는데 $2\frac{3}{4}$m을 사용하였습니다. 진우가 쓰고 남은 끈의 길이는 몇 m입니까?

식 : $5-2\frac{3}{4}=2\frac{1}{4}$(m) 답 : $2\frac{1}{4}$ m

❶ 승환이네 가족은 쌀을 지난 주에 $6\frac{2}{5}$kg, 이번 주에 $5\frac{4}{5}$kg 먹었습니다. 2주 동안 먹은 쌀은 모두 몇 kg입니까?

식 : $6\frac{2}{5}+5\frac{4}{5}=12\frac{1}{5}$(kg) 답 : $12\frac{1}{5}$ kg

❷ 종훈이의 몸무게는 $24\frac{1}{6}$kg이고, 동생의 몸무게는 $18\frac{2}{6}$kg입니다. 종훈이는 동생보다 몇 kg 더 무겁습니까?

식 : $24\frac{1}{6}-18\frac{2}{6}=5\frac{5}{6}$(kg) 답 : $5\frac{5}{6}$ kg

❸ 지용이는 월요일에 $6\frac{5}{6}$시간, 화요일에 $7\frac{2}{6}$시간 동안 잤습니다. 지용이는 이틀 동안 몇 시간 잤습니까?

식 : $6\frac{5}{6}+7\frac{2}{6}=14\frac{1}{6}$(시간) 답 : $14\frac{1}{6}$ 시간

◑ 식을 쓰고 답을 분수로 나타내시오.

전체 10km를 경주하는 삼종 경기가 있습니다. $5\frac{3}{8}$km는 자전거를 타고, $2\frac{2}{8}$km는 수영을 하고 나머지는 달리기를 합니다. 달리기를 하는 거리는 몇 km입니까?

식 : $10-5\frac{3}{8}-2\frac{2}{8}=2\frac{3}{8}$(km) 답 : $2\frac{3}{8}$ km

❶ 민주는 산책을 지난 주에 $2\frac{5}{6}$시간, 이번 주에는 지난 주보다 $1\frac{2}{6}$시간 더 했습니다. 민주가 2주 동안 산책한 시간은 몇 시간입니까?

식 : $2\frac{5}{6}+2\frac{5}{6}+1\frac{2}{6}=7$ (시간) 답 : 7 시간

❷ 소영이와 친구들이 꽃길을 만들고 있습니다. 꽃길을 8m 만들어야 하는데 어제 $4\frac{2}{5}$m를 만들었고, 오늘은 $3\frac{2}{5}$m를 만들었습니다. 더 만들어야 할 꽃길은 몇 m입니까?

식 : $8-4\frac{2}{5}-3\frac{2}{5}=\frac{1}{5}$(m) 답 : $\frac{1}{5}$ m

❸ 길이가 $5\frac{5}{9}$cm인 색 테이프 두 장을 $1\frac{2}{9}$cm씩 겹쳐 이어붙였습니다. 이어 붙인 색 테이프의 전체 길이는 몇 cm입니까?

식 : $5\frac{5}{9}+5\frac{5}{9}-1\frac{2}{9}=9\frac{8}{9}$(cm) 답 : $9\frac{8}{9}$ cm

잘 공부했는지 알아봅시다

월 일

1 가장 큰 수와 가장 작은 수의 합과 차를 구하시오. 합 : $7\frac{4}{11}$, 차 : $2\frac{9}{11}$

$2\frac{3}{11}$ $3\frac{7}{11}$ $5\frac{1}{11}$ $2\frac{6}{11}$

합 : $5\frac{1}{11}+2\frac{3}{11}=7\frac{4}{11}$ 차 : $5\frac{1}{11}-2\frac{3}{11}=2\frac{9}{11}$

2 □ 안에 알맞은 수를 써넣으시오.

❶ $3\frac{4}{7}$ → $+1\frac{6}{7}$ → $5\frac{3}{7}$ → $+2\frac{3}{7}$ → $7\frac{6}{7}$ ($-2\frac{3}{7}$, $-1\frac{6}{7}$)

❷ 4 → $+2\frac{3}{5}$ → $6\frac{3}{5}$ → $+3\frac{4}{5}$ → $10\frac{2}{5}$ ($-3\frac{4}{5}$, $-2\frac{3}{5}$)

3 어떤 수에서 $1\frac{3}{7}$을 빼야 할 것을 잘못하여 더했더니 $5\frac{2}{7}$가 되었습니다. 바르게 계산하면 얼마입니까? $2\frac{3}{7}$

$\square+1\frac{3}{7}=5\frac{2}{7}$ $\square=3\frac{6}{7}$ $3\frac{6}{7}-1\frac{3}{7}=2\frac{3}{7}$

4 밀가루가 $6\frac{3}{5}$kg 있습니다. 빵 1개를 만드는데 $2\frac{4}{5}$kg의 밀가루가 사용된다면 만들 수 있는 빵은 모두 몇 개이고, 남은 밀가루는 몇 kg입니까? 2개, 1kg

$6\frac{3}{5}-2\frac{4}{5}-2\frac{4}{5}=1$(kg), $6\frac{3}{5}$에서 $2\frac{4}{5}$를 2번 뺄 수 있으므로 만들 수 있는 빵은 2개이고, 남은 밀가루는 1kg 입니다.